Bogner | Soziologische Theorien

AF511397

Alexander Bogner

Soziologische Theorien

Eine kurze Einführung

Reclam

Der Verlag behält sich die Verwertung der urheberrechtlich geschützten Inhalte dieses Werkes für Zwecke des Text- und Data-Minings nach § 44b UrhG ausdrücklich vor. Jegliche unbefugte Nutzung ist ausgeschlossen.

RECLAMS UNIVERSAL-BIBLIOTHEK Nr. 14362
2023 Philipp Reclam jun. Verlag GmbH,
Siemensstraße 32, 71254 Ditzingen
info@reclam.de
Gestaltung: Cornelia Feyll, Friedrich Forssman
Druck und Bindung: Elanders Waiblingen GmbH,
Anton-Schmidt-Straße 15, 71332 Waiblingen
Printed in Germany 2025
RECLAM, UNIVERSAL-BIBLIOTHEK und
RECLAMS UNIVERSAL-BIBLIOTHEK sind eingetragene Marken
der Philipp Reclam jun. GmbH & Co. KG, Stuttgart
ISBN 978-3-15-014362-9
reclam.de

Inhalt

Vorwort

Die Beschäftigung mit soziologischen Theorien ist normalerweise kein Spaziergang. Diese kurze Einführung will eine Ausnahme machen. Sie bietet einen kurzweiligen Streifzug durch wichtige Epochen und Denkweisen der Soziologie und verschafft damit einen schnellen Überblick über ein verwirrend vielfältiges Terrain. Sprachlich bemüht sich das Buch um größtmögliche Distanz zum allseits gefürchteten Soziologenjargon, der oft kritisiert, aber noch viel öfter erfolgreich imitiert wird, auch in Einführungstexten.

Es geht auf den folgenden Seiten weder um einen systematischen Vergleich noch um eine umfassende kritische Würdigung der hier vorgestellten Theorien. Im Vordergrund steht vielmehr der Versuch, das Interesse für einige der wirklich interessanten (oder sogar klassischen) Texte der Soziologie zu wecken und zur Selbstlektüre anzuregen. Das ist genau genommen das einzige Ziel dieses Buchs. Denn: Schöner als die schönste Zusammenfassung ist das Original. Nichts kann die selbständige Auseinandersetzung mit den Originaltexten ersetzen.

Den Anstoß zu diesem Buch gab eine Vorlesung gleichen Titels, die ich im Sommer 2021 am Institut für Soziologie der Universität Wien übernommen habe. Gut möglich, dass sich die Teilnehmerinnen und Teilnehmer meiner Veranstaltung ein anderes Lehrbuch gewünscht haben. Aber letztlich schreibt man wohl jene Bücher, die man als Student selbst gerne gelesen hätte.

1 Wozu Theorie(n)?

Gute Frage, werden viele Studierende denken, und im Stillen seufzend ergänzen, dass Theorien zur Universität nun einmal dazugehören wie das Mensaessen oder die verwirrende akademische Viertelstunde. Theorien – sind sie nicht vor allem eine Art Schmuckstück für die akademische Schaufensterauslage? Etwas, das den Status der Disziplin aufwertet und bei Gelegenheit den eigenen Gedanken einen stilvollen Rahmen verleiht? Theorie als Dekor und aus Tradition, so scheint es; ohne sie geht's halt nicht.

So arrangiert man sich mit dem Unabänderlichen und lernt dann eben Theorien, wie man in der Schule Gedichte gelernt hat. Manche Studierende machen aus der Not eine Tugend und entwickeln sich zu Theoriespezialisten, ohne damit den nagenden Zweifel verdrängen zu können, dass dies womöglich eine brotlose Kunst ist. Andere flüchten in die scheinbar theoriefreie Zone empirischer Forschung und verfolgen die Lehrveranstaltungen über soziologische Theorien mit freundlichem Desinteresse und innerer Distanz.

Aber es hilft ja nichts. Die Beschäftigung mit der Soziologie ist zu einem großen Teil Auseinandersetzung mit soziologischen Theorien – Theorien im Plural, wohlgemerkt. Diese Theorienvielfalt lässt Studierende aufstöhnen, weil dies den Lernaufwand vergrößert und den Überblick erschwert. Der Wunsch nach der einen, verbindlichen Theorie ist daher nur allzu verständlich. Doch die Soziologie ist stolz auf ihr prall gefülltes Arsenal an Theorien, auch wenn diese Fülle immer wieder zu Streit führt, so dass man die Geschichte der Soziologie als eine Geschichte soziologischer Kontroversen erzählen kann (vgl. Kneer/Moebius

2010). Die hingebungsvolle Pflege ihrer zahlreichen Theorien legt nahe, dass die Soziologie eine gereifte Disziplin ist. Darüber könnte man sich freuen.

Verwirrende Vielfalt

Sollte man aber nicht, sagt THOMAS S. KUHN (1922–1996). Der US-amerikanische Wissenschaftshistoriker hat argumentiert, dass die fortdauernde Sorge um die theoretischen Grundlagen eines Fachs kein gutes Zeichen ist (Kuhn 2021). Seiner Meinung nach zeichnet sich echte Wissenschaft (allen voran die Physik) dadurch aus, dass sie auf Basis eines breiten Forscherkonsenses operiert und die alltägliche Forschung daher in aller Regel keine Grundsatzfragen aufwirft. Im Laboralltag wird nicht darüber diskutiert, was »Natur« oder »Leben« sei. Dies macht die Naturwissenschaften leistungsfähig, denn sie können sich auf das Lösen konkreter Rätsel, also auf Detailfragen, beschränken.

Grund dafür ist, dass die Forschung eine stabile normative Grundlage hat, ein einheitliches Relevanzraster, eine gemeinsame Perspektive. Kuhn nennt es »Paradigma«. An diesem Paradigma richten sich alle Forschungsaktivitäten wie Eisenpfeile in einem Magnetfeld aus. Historische Beispiele sind Newtons Mechanik oder Einsteins Relativitätstheorie, also epochale Forschungsleistungen, die Maßstäbe für die gesamte Physik ihrer Zeit gesetzt haben. Aber wie gesagt: Arbeitsteiliges, experimentelles Rätsellösen ist nur möglich, wenn die Disziplin über ein Paradigma, eine einheitliche Denkweise verfügt – und nicht vorrangig mit sich selbst beschäftigt ist. Wie wir wissen ist gerade die Soziologie für Identitätsfragen anfällig: Was genau ist Soziologie? Wodurch zeichnet sich eine soziologische Perspektive aus? Gibt es überhaupt so etwas wie Gesellschaft?

Weitläufige Theoriedebatten sind für Kuhn ein Hinweis darauf, dass wir es nicht mit »normaler Forschung« zu tun haben, sondern mit einer unreifen Vorstufe. In dieser Phase wird darum gerungen, welche Fragestellungen wissenschaftlich fruchtbar, welche Begriffe brauchbar, welche Daten nützlich und welche Methoden geeignet sind. Das heißt, in unreifen Disziplinen »philosophiert« man über das Grundlegende. Für Kuhn ist der Reifungsprozess erst dann abgeschlossen, wenn der Theoriediskurs beendet ist, also ein Paradigma existiert und die Phase des Rätsellösens anbricht. Theoriediskussionen sind ein Krisenindikator.

Sind soziologische Theoriedebatten tatsächlich nur quälende Exerzitien in disziplinärer Selbstvergewisserung? Wohlmeinende Stimmen würden dagegenhalten, dass die unüberwindliche Theorienvielfalt innerhalb der Soziologie auf deren besondere Reflexionsfähigkeit verweist. Schließlich erzwingt die Komplexität und Uneindeutigkeit der modernen, funktional differenzierten Gesellschaft eine Pluralität soziologischer Beschreibungsweisen (Fischer 2014). Eine soziologische Einheitstheorie kann es daher nicht geben. Aber stimmt das auch? Oft genug wird das Fehlen einer facheinheitlichen Theorie bemängelt und als Theoriekrise thematisiert. Dies heizt dann Versuche an, ein einheitliches Paradigma für die Soziologie zu schaffen. Eindrucksvolle Beispiele dafür sind Luhmanns Systemtheorie (siehe Kapitel 7) oder Habermas' Kommunikationstheorie (siehe Kapitel 4).

Trotz aller Bemühungen hat sich eine facheinheitliche Theorie bislang nicht durchgesetzt. Auch die Großtheorien werden wieder als Theorieoptionen verstanden. Die allgemein geschätzte (oder gefürchtete) Theorienvielfalt wird uns wohl noch lange erhalten bleiben. Zwar gibt es immer wieder Anläufe, die analytische Qualität konkurrierender Theorien vergleichend zu bewerten, in der Hoffnung, gemeinsame Wurzeln zu finden und Pseudo-Vielfalt zu reduzieren. Doch Theorien verfolgen unterschiedliche Ziele, sind von unterschiedlichen Denkstilen getragen und verwenden unterschiedliche Grundbegriffe. In jeder Theorie hat die Welt des Sozialen daher ein deutlich anderes Gesicht. Deswegen lassen sich Theorien so schlecht gegeneinander ausspielen. Man hat es dennoch versucht, aber dabei wurden die Theorien – so wie im berühmten Positivismusstreit der 1960er Jahre, einer Kontroverse mit Adorno und Karl Popper an vorderster Front (Adorno et al. 1993) – unter politischen Vorzeichen bewertet. Dies trug zu erheblicher Verwirrung bei, denn bei den Studierenden entstand der Eindruck, man müsse sich mitten im Wissenschaftsbetrieb zwischen Sozialismus und Faschismus entscheiden.

Diese wilden Jahre sind vorbei. Doch auch die rein wissenschaftliche Kontroverse verlagert das Problem nur, weil der Streit sofort darum geht, welche Kriterien für eine Bewertung konkurrierender Theorien überhaupt angemessen sind. Diese Frage lädt die Kontrahenten dazu ein, sich auf die meta-theoretische Ebene zu begeben, von der es erfahrungsgemäß keine Rückkehr mehr gibt. Vielleicht haben sich die Energien im Theorienstreit erschöpft. Jedenfalls herrscht heute eine weitgehend friedliche Koexistenz zwischen den soziologischen Denkstilen bzw. eine freundliche Indifferenz.

Es gibt in der Soziologie nicht nur viele Theorien, sondern auch eine verwirrende Vielfalt an Vorstellungen darüber, was unter Theorie überhaupt zu verstehen ist. Ist eine Theorie lediglich eine generalisierende Aussage, die auf Fallbeispielen beruht? Oder ein Modell, das Hypothesen in einen inneren Zusammenhang bringt? Oder – sehr viel weiter gefasst – eine Weltanschauung, die uns beim Interpretieren und Analysieren die Optik einstellt?

In diesem Buch geht es, wie schon der Titel ankündigt, um soziologische Theorien. Doch der Titel erklärt wenig. Es heißt zunächst nur, dass es sich um Theorien handelt, die aus der Soziologie stammen oder in der Soziologie eine wichtige Rolle spielen. Das könnten – rein theoretisch – auch Mikro-Theorien sein. In der Regel erwartet man von »soziologischen Theorien« jedoch, dass sie ein Panorama der sozialen Ordnung liefern, also aufs große Ganze gehen. Man erwartet, mit anderen Worten, Gesellschaftstheorien, vielleicht auch Gesellschaftsdiagnosen oder Sozialtheorien. Aber was ist hier nun wieder der Unterschied?

Gesellschaftstheorien erklären Aufbau, Struktur und Funktionsweise gegenwärtiger Gesellschaften. Hier steht die Faszination für die Komplexität der sozialen Ordnung im Vordergrund, die schon bei den soziologischen Klassikern greifbar wird. Die zentralen Fragen lauten: Wie funktioniert Vergesellschaftung? Wie ist soziale Ordnung möglich? Und was treibt den sozialen Wandel an? Ihre Leistungsfähigkeit bezieht die Gesellschaftstheorie gerade aus ihrer Gesellschaftsferne, das heißt aus ihrer Distanz zu einem Gegenstand, der nicht mehr als abbildbares Objekt verstanden wird, sondern in seiner Gegenständlichkeit als ganz wesentlich durch Theorieentscheidungen bestimmt gilt. Die Gesellschaftstheorie, das ist die Königsklasse soziologischer Theorien.

Gesellschaftsdiagnosen forschen nach dem Wesen gegenwärtiger Gesellschaften. Im Vordergrund steht die Frage: In welcher Gesellschaft leben wir denn eigentlich? (vgl. Pongs 1999/2000) Hier geht es also – im Vergleich zur Gesellschaftstheorie – um etwas Gegenständliches, nämlich um die Suche nach einem Kernmerkmal, das die Gesellschaft im Ganzen prägt, steuert und in Schwung hält. Was sind solche Kernmerkmale? Das kann der Kapitalismus sein, die Technik oder neue Risiken. Die Rede ist dann dementsprechend von der kapitalistischen, technologischen oder Risikogesellschaft. Gesellschaftsdiagnosen setzen also voraus, dass alles, was sich auf der Erscheinungsebene der Gesellschaft ereignet, dem Wirken eines (einzigen) dahinterliegenden Prinzips verdankt – eben dem Wesen der Gesellschaft. Der Charme der Gesellschaftsdiagnose besteht in ihrer medialen Anschlussfähigkeit. Geliefert wird soziologisch informiertes Orientierungswissen mit oftmals hohem Unterhaltungswert (vgl. Bogner 2021).

Sozialtheorie ist ein aus dem Englischen (*social theory*) eingewanderter Begriff. Er signalisiert, dass im Zuge soziologischer Theoriearbeit weithin geläufige Grundlagen sozialwissenschaftlicher Reflexion auf den Prüfstand gestellt und damit tiefschürfende Begriffsarbeiten in Angriff genommen werden. Solche fundamentalen Problemstellungen lauten zum Beispiel: Was ist gemeint, wenn vom Sozialen die Rede ist? Was ist eine Handlung und wer ist daran beteiligt? Welche Begründung und welche Folgen hat die

Einteilung von Menschen in Männer und Frauen? Weitere Beispiele wären Reflexionen über das Verhältnis von Mikro- und Makro-Ebene, von Handlung und Struktur, von Sozialität und Individualität. Der ausgeprägte Wille, die eigenen Denkvoraussetzungen in Frage zu stellen, ist im Übrigen auch ein Grund, warum ihre historischen Vorläufer für die Soziologie so wichtig sind. Wir gehen immer wieder zu Weber, Simmel, Durkheim und anderen zurück, um uns zu vergegenwärtigen, auf welche konzeptionelle Basis unser gegenwärtiges Denken und Deuten gebaut ist.

So weit in aller Kürze. Im Mittelpunkt dieses Buchs stehen Gesellschaftstheorien, wobei das auch nur die halbe Wahrheit ist. Schließlich lassen sich die oben genannten Theorietypen nicht so leicht voneinander abgrenzen. Das sehen wir am Beispiel der frühen Kritischen Theorie: Die galt früher als Paradefall einer Gesellschaftstheorie, wird heute jedoch – angesichts strengerer Theoriestandards – eher als Gesellschaftsdiagnose geführt. Oder die klassische Wissenssoziologie: Keine Gesellschaftstheorie, aber eine Theorieströmung mit großem zeitdiagnostischen Potenzial und deshalb ebenfalls interessant für unseren Zusammenhang. Es geht in diesem Buch in jedem Fall um »große Theorien«. Allerdings gibt es innerhalb der Soziologie auch gewichtige Stimmen, die dafür plädieren, dass Theorien sich nicht so viel vornehmen und etwas kleiner ansetzen sollten.

Gegen große Theorie

Wie lässt sich verhindern, dass sich die Soziologie in Weltanschauungskämpfen verliert und ihr wild wucherndes Theorienangebot empirisches Arbeiten eher behindert als fördert? Schon lange vor Kuhn (und seiner Idee von einer paradigmengeleiteten Normalwissenschaft) hat der US-amerikanische Soziologe ROBERT K. MERTON (1910–2003) ein Rezept entwickelt, um die Soziologie zu einer »normalen« Disziplin zu machen. Seine Empfehlung lautet in aller Kürze, dass die Soziologie aufhören solle, im Geiste ihres philosophischen Erbes weiterhin große Theorien zu entwerfen. Schließlich beruhen diese Gesellschaftstheorien weitgehend auf reiner Spekulation, weil der Stand soziologischer Forschung nicht ausreicht, solche Theorien mit einer soliden empirischen Grundlage zu versorgen. Worauf sich die Soziologie konzentrieren solle, das ist die Entwicklung von »Theorien mittlerer Reichweite« (Merton 2007). Denn nur dieser Weg führt die Soziologie aus den Niederungen dilettierenden Literatentums zu den Höhen professioneller Forschung.

Mertons Vorstellung zufolge sind Theorien mittlerer Reichweite zwischen der Mikro-Ebene alltäglicher, einzelfallbezogener Forschungshypothesen und den großen, abstrakten Gesellschaftstheorien angesiedelt. Diese große Theorie begreift Merton als schlechte Wissenschaft, weil sie nicht schrittweise aus der Verknüpfung empirisch gesättigter Theoriebestandteile entwickelt wird, sondern als großer Wurf eines genialen Geistes in die Welt kommt. Ob es diese Form spekulativen Theoretisierens in der Soziologie je gegeben hat, sei dahingestellt. Die große Theorie jedenfalls dient Merton als Negativbeispiel, um den Nutzen seines eigenen Theoriekonzepts ins rechte Licht zu rücken. Der Theorie mittlerer Reichweite geht es nicht um abschließende Gesellschaftsdeutungen, die »top-down« entworfen werden und relativ abstrakt bleiben. Dieser Theorie geht es vielmehr um Rätsellösen, also um die Entwicklung interessanter Forschungshypothesen, wobei sich die Theorie selbst wiederum der Verknüpfung von Konzepten verdankt, die auf empirischer Forschung beruhen. Wie soll man sich das vorstellen?

Ein schönes Beispiel ist die Bezugsgruppentheorie. Dieser Theorie zufolge bildet sich unsere individuelle Einstellung zu einer Sache oder einem Problem anhand der Orientierung an einer Vergleichsgruppe, also einer Gruppe, die in einer vergleichbaren Situation ist. Das heißt, man misst zum Beispiel die eigene soziale Position über den Vergleich mit dem relevanten Anderen. Dies werden in aller Regel die Arbeitskollegen sein bzw. Leute, die von ihrer Ausbildung und beruflichem Status her uns ähnlich sind. Ein Beispiel: Der Ökonom Albert O. Hirschman (1915–2012) hat gezeigt, dass sich die Bewertung sozialer Ungleichheit im Zuge ökonomischer Entwicklung ändert: Solange es Hoffnung gibt, dass sich die Kluft zwischen den Klassen in absehbarer Zukunft verringern wird, ist von den Benachteiligten kein Protest zu erwarten, selbst wenn sich die Kluft vergrößern sollte. Zu dem Zeitpunkt jedoch, wo es vielen Mitgliedern meiner eigenen Klasse (oder einer anderen relevanten Bezugsgruppe) besser zu gehen scheint, nur eben nicht mir selbst, entsteht Unruhe (Hirschman 1973).

Ein anderes Beispiel für die Fruchtbarkeit der Bezugsgruppentheorie lieferte der US-amerikanische Soziologe

Samuel A. Stouffer (1900–1960) in seiner großangelegten Studie *The American Soldier* (Stouffer et al. 1949). Scheinbar widersinnige Einschätzungen von Armeeangehörigen ließen sich auf dieser Grundlage erklären. So waren die zahlreichen dunkelhäutigen Soldaten in den Südstaaten der USA zufriedener als die im Norden stationierten, obwohl im Süden damals noch die Rassentrennung herrschte. Doch der Vergleichsmaßstab für die Südstaaten-Soldaten waren eben nicht die Kollegen in den Nordstaaten, sondern die schwarze Bevölkerung im Süden, die noch stärker unter Repressalien zu leiden hatte. Kurzum, diese und andere Studien zeigten, dass Zufriedenheit relativ ist und vom Vergleichsmaßstab abhängt, also vom Vergleich mit Gruppen, die geographisch in Blickweite oder sozial in Reichweite sind.

Die Bezugsgruppentheorie stellt eine Theorie mittlerer Reichweite dar, weil sie sich in ihrem Erklärungsanspruch auf konkrete soziale Phänomene bezieht (und nicht auf die Gesellschaft im Ganzen) und dabei einen Abstraktionsgrad aufweist, der eine analytische Verbindung zwischen verschiedenen Phänomenbereichen erlaubt. Merton zufolge lässt sich Gesellschaftstheorie nur über die Formulierung solcher Theorien mittlerer Reichweite entwickeln.

Gesellschaftstheorie ist für das Fach durchaus wichtig, weil andernfalls eine gemeinsame Grundlage fehlt und widersprüchliche Spezialtheorien einfach nebeneinander stehenbleiben. Merton glaubt allerdings, dass die Zeit dafür noch nicht reif ist, weil es an empirischer Forschung fehlt. Mit seinem Plädoyer für Theorien mittlerer Reichweite bricht er eine Lanze für den Induktivismus. Damit ist die Vorstellung gemeint, dass sich Theorien, also verallgemeinernde Schlüsse, schrittweise aus der Beobachtung empirischer Phänomene entwickeln lassen. Im Idealfall wird die Theorie durch eine Reihe übereinstimmender Experimentalergebnisse bestätigt. Die Soziologie soll also dem Modell der Naturwissenschaften folgen.

Merton vergleicht die Soziologie seiner Zeit denn auch mit den Naturwissenschaften des 17. Jahrhunderts: Zwar seien bereits eine Reihe praktischer Probleme gelöst, doch der Weg zu einer einheitlichen Theorie (»Paradigma«) ist noch weit. Die Soziologie, so formuliert es Merton (2007: 454), hat ihren Kepler noch nicht gefunden, ganz zu schweigen von einem Newton, Faraday oder Planck. Wir schließen daraus: Erst wenn sich die Soziologie erkenntnislogisch nach dem Vorbild der Naturwissenschaften saniert hat, wird sie aus der Phase ideologischer Grabenkämpfe und Theoriestreitigkeiten herausfinden.

Was wissenschaftliche Theorien ausmacht

Mertons Theoriekonzept ist innerhalb der Soziologie nicht unwidersprochen geblieben. Was eine soziologische Theorie zu leisten hat und welche Reichweite sie haben sollte, ist nach wie vor umstritten. Uneinigkeit gibt es (und nicht nur innerhalb der Soziologie) auch darüber, was überhaupt eine wissenschaftliche Theorie auszeichnet. Oder grundsätzlich gefragt: Was ist überhaupt eine Theorie?

Die erste Antwort (und die maßgebliche Begrifflichkeit) haben, wie immer, die alten Griechen geliefert. Die Griechen sind ja bekanntlich nicht nur die Begründer der Demokratie, sondern auch die Ahnherren der Wissenschaft.

Aristoteles hat in seiner *Metaphysik* die theoretische, reine Erkenntnis dem praktischen, zweckbestimmten Wissen gegenübergestellt: Während praktisches Wissen auf Erfahrung beruht und sich auf Einzelfälle beschränkt, verschafft theoretisches Wissen Einsicht in die allgemeinen Zusammenhänge und die Ursachen aller Dinge. Praktiker verfügen über Know-how, Theoretiker über Weisheit. Deswegen ist die betrachtende Wissenschaft höher einzuschätzen als die bewirkende.

Aber natürlich, so könnten wir gegen Aristoteles einwenden, ist auch die Kontemplation, also das zweckentbundene Nachdenken, irgendwie motiviert, wenn auch nicht durch kurzfristige Nützlichkeitserwägungen. Wir kommen ins Grübeln, wenn uns Dinge und Zusammenhänge nicht mehr als selbstverständlich erscheinen, wenn unsere Wahrnehmungs- und Bewertungsmuster erschüttert werden, wenn unsere Ordnungsvorstellungen durcheinandergeraten. Das heißt, ein grundlegendes Orientierungsbedürfnis leitet das Interesse an der Theorie. Deshalb könnte man in erster Annäherung sagen: Theorien sind verallgemeinernde Aussagen, die den Zweck haben, die Welt sinnhaft zu strukturieren. Ohne Theorie wäre die Welt ein strukturloses Chaos, ein verwirrend vielfältiges Sammelsurium unzusammenhängender Erlebnisse und Phänomene. Ohne Theorien wären wir der Komplexität der Welt hilflos ausgeliefert.

Wir brauchen Theorien, um uns ein (stark vereinfachtes) Bild von der Welt zu machen, das es ermöglicht, unsere Erfahrungen »auf die Reihe«, also in eine sinnvolle Ordnung, zu bringen. Deshalb operieren wir auch im Alltag unentwegt mit improvisierten Theorien, also mit verallgemeinernden Aussagen, die wir meistens gar nicht weiter prüfen. Wir behaupten beispielsweise, dass Frauen nicht einparken können, Männer nie zuhören und Österreich schlimmen Fußball spielt. Natürlich würden wir diese Alltagstheorien eher als Ideologien, Vorurteile oder dumme Klischees bezeichnen. Aber auch wenn uns bessere Beispiele einfallen, so wüssten wir noch nicht, was wissenschaftliche von unwissenschaftlichen Theorien unterscheidet.

Was macht eine wissenschaftliche Theorie aus? Die geniale Antwort von KARL POPPER (1902–1994), dem aus Wien stammenden Wissenschaftsphilosophen, lautet: Wissenschaftliche Theorien müssen an der Erfahrung scheitern können (Falsifikationsprinzip). Das heißt, aus der Theorie müssen sich konkrete Aussagen, also Hypothesen oder Prognosen, entwickeln lassen, die dann empirisch – im Idealfall experimentell – überprüft werden. »Die Objektivität der wissenschaftlichen Sätze liegt darin, dass sie intersubjektiv nachprüfbar sein müssen.« (Popper 1971: 18)

Das war damals, Anfang der 1930er Jahre, als Popper an seiner *Logik der Forschung* schrieb, neu. Vor Popper herrschte die Auffassung, dass nicht-wissenschaftliche Theorien auf Spekulation beruhen und nicht auf empirischer Beobachtung. Wirklich wissenschaftliche Theorien, so schloss man daraus, müssen schrittweise aus empirischen Einzeltatsachen entwickelt werden. Diese – Induktivismus genannte – Lehre, die, wie gerade gesehen, u. a. Robert K. Merton vertrat, stellte Popper auf den Kopf. Er argumentierte, dass tragfähige Theorien nicht stufenweise aus kleinen Wahrheiten aufgebaut werden, so wie man etwa ein Haus baut, indem man Stockwerk auf Stockwerk schichtet. Theorien werden vielmehr wie ein Fertighaus auf die grüne Wiese gestellt und anschließend durch eine Reihe von Belastungstests auf ihre Tragfähigkeit geprüft.

Das heißt, Theorien basieren zunächst einmal auf Spekulationen oder einigen wenigen Beobachtungen, aber das ist kein Manko. Denn im Mittelpunkt wissenschaftlicher Tätigkeit steht die kritische Überprüfung von Theorien. Darin besteht die Vernunft der Wissenschaft: dass sie am Ende des Tages von den großen Theoriegebäuden nur jene stehen lässt, die sich als logisch konsistent (widerspruchsfrei) und empirisch haltbar erwiesen haben. Es gibt, schreibt Popper (2022: 95), »kein rationaleres Verfahren als die Methode von Versuch und Irrtum – von Vermutung und Widerlegung: die Methode, kühne Theorien aufzustellen, ernsthaft zu versuchen, sie als falsch zu erweisen und sie vorläufig anzunehmen, wenn unsere Widerlegungsversuche erfolglos sind.«

Probleme hat Popper darum mit Theorien, die besonders eindrucksvoll sind, weil sie scheinbar alles erklären können und alle Ereignisse als Bestätigung ihres Weltbilds interpretieren. Denn solche Theorien, wie der Marxismus oder die Psychoanalyse, sind für ihn keine Wissenschaft, weil sie keine riskanten, selbstgefährdenden Voraussagen zulassen und daher keine Widerlegungsmöglichkeiten bieten. Das heißt, je mehr und je präzisere Möglichkeiten die Theorie selbst entwirft, sie zu widerlegen, desto wissenschaftlicher ist sie. Unwiderlegbarkeit ist in der Wissenschaft, wie Popper oft betont, nicht eine Stärke, sondern eine Schwäche.

Die prinzipielle Widerlegbarkeit wissenschaftlicher Theorien hat natürlich auch ihren Preis. Vor Popper konnte man bedenkenlos davon sprechen, dass die anerkannten

Theorien wahr sind. »Wahr« hieß: zeitlos gültig. Schließlich ging man davon aus, dass wahre Theorien ein unverwüstliches Fundament in der Fülle unbezweifelbarer Einzeltatsachen hatten. Popper jedoch argumentiert, dass es kein endgültiges Wahrheitskriterium geben könne, weil immer Gegenbeobachtungen denkbar sind, die das Theoriegebäude zum Einstürzen bringen können – das Problem des vieldiskutierten »schwarzen Schwans«: Ein einziger schwarzer Schwan widerlegt die Theorie, alle Schwäne seien weiß.

Nach Popper heißt »wahr« darum so viel wie »bewährt«: Wir erachten jene Theorien als wahr, die ihrer Überprüfung vorläufig standgehalten haben. Diese Theorien sind gleichwohl nicht zeitlos gültig, sondern stellen eine Wahrheit auf Abruf dar. Neue, bessere Theorien zeichnen sich dadurch aus, dass sie besser mit Tatsachen übereinstimmen, präzisere Prognosen erlauben und bisher unzusammenhängende Probleme vereinen. Kurz gesagt: Nach Popper ist es mit dem Superlativ der (absoluten) Wahrheit vorbei. Es herrscht der Komparativ. Ziel der Wissenschaft ist es, Theoriegebäude, die zunächst in Sumpfland stehen, etwas stabiler zu machen.

Wissenschaftlicher Fortschritt basiert aus dieser Perspektive nicht auf der zunehmenden Anhäufung unbezweifelbarer Wahrheiten, sondern vielmehr auf der dauernden Korrektur zu kurz greifender Erklärungen. Der Fortschritt vollzieht sich gleichsam in negativer Weise, nämlich als eine Abfolge immer besser begründeter, doch stets überholungsbedürftiger Wahrheitsansprüche. Das realistische Ziel dieses Entwicklungsprozesses ist nicht die absolute Wahrheit, sondern der bessere Irrtum. Der Status der Wahrheit hat sich auf diese Weise gründlich relativiert. Dennoch lässt sich auch weiterhin die Geschichte der Wissenschaft als eine Erfolgsgeschichte verstehen. Schließlich bauen die jeweils vorläufig gültigen Wahrheiten systematisch aufeinander auf. Die Fehler von gestern werden vermittels der kritischen Methode zur Grundlage neuer Einsichten. So folgt die Geschichte der Wissenschaft in Summe einer linearen, kumulativen Fortschrittslogik.

Wissenschaft im Krebsgang

Falsch, sagt THOMAS S. KUHN. Die Geschichte der Wissenschaft folgt keiner geradlinigen Fortschrittslogik. Dies scheint nur so, weil die Geschichte von den Siegern geschrieben wird, also aus der Perspektive des aktuell gültigen Forschungsparadigmas. Forschungsleistungen aus vergangenen Epochen werden dabei in illegitimer Weise vereinnahmt. Man tut so, als sei die Quantenphysik im Grunde schon durch Galileis Experimente vorbereitet worden. Man stellt es so dar, als hätte sich die Wissenschaft seit jeher um genau jene Probleme bemüht, die heute – im Kontext des gerade gültigen Paradigmas – von Bedeutung sind. Man gibt vor, dass Theorien Stück für Stück stabilisiert werden, und zwar auf Basis von Fakten und Erkenntnissen, die über Jahrhunderte hinweg gesammelt worden sind. Doch Wissenschaft funktioniert ganz anders.

Wissenschaftliches Arbeiten, so Kuhns feste Überzeugung, funktioniert auf der Basis eines Paradigmas (Kuhn 1976). Davon hatten wir schon gehört: Ein Paradigma stellt eine verbindliche forschungsleitende Perspektive dar und sorgt damit für Orientierung und Konsens innerhalb der Fachgemeinschaft. Paradigmen sind außerdem ein wertvolles Gut, weil sie die Grundlage wissenschaftlicher Professionalisierung bilden: Sie begründen einen »Stand der Forschung«, indem sie eine bestimmte Perspektive, ein bestimmtes Wissen außer Streit stellen. Sie sorgen dafür, dass wissenschaftliche Standards nicht ständig neu erfunden werden müssen (oder können). Sie entbinden von der Pflicht, bei jeder Forschung immer auch gleichzeitig die Grundlagen und Grundfragen des Fachs abzuklären. Dies ist die Voraussetzung für die Entwicklung einer hochspezialisierten, arbeitsteiligen Forschung.

Diese paradigmatisch organisierte Spezialforschung ist für Kuhn die »Normalwissenschaft«. Diese Normalwissenschaft widmet sich in der Regel ganz gewöhnlichen Dingen, wie etwa der experimentellen Prüfung überschaubarer Hypothesen. Was Popper als alltägliches Ziel der Wissenschaft beschreibt, nämlich die kritische Überprüfung von Theorien, ist für Kuhn ein Sonderfall. Nur in revolutionären Phasen, also in Ausnahmesituationen, zielt wissenschaftliche Forschung auf Theorieprüfung und zieht damit die Grundlagen des eigenen Tuns in Zweifel. Doch bewährte Theorien werden von der Wissenschaft nicht leicht aufgegeben, davon ist Kuhn überzeugt. Die Wissenschaft ist konservativ. Man feilt lieber so lange an der altgedienten Theorie herum, bis sie sich irgendwie mit den neuen Beobachtungen in Einklang bringen lässt.

In seiner einflussreichen Kritik des Empirismus hat WILLARD VAN ORMAN QUINE (1908–2000) dieses Argument bereits grundlegend vorbereitet. Der US-amerikanische Logiker und Philosoph hielt es für einen Mythos, dass

Theorien aufgrund unmittelbarer Erfahrungen aufgegeben werden. Denn eine einzelne Erfahrung, so Quine (2011), ist niemals genau mit einer wissenschaftlichen Aussage verknüpft. Auf was sich Erfahrung bezieht, ist vielmehr ein Netzwerk von aufeinander bezogenen Aussagen; nennen wir es Theorie. Innerhalb einer Theorie gibt es Aussagen, die näher an der Empirie siedeln, während andere, im Zentrum der Theorie gelegen, von der Empirie stärker abgeschirmt sind. Deshalb kann man, auch wenn sich bestimmte Aussagen als falsch erweisen, durch Anpassungen an anderer Stelle die Theorie retten. Ja, man hat aufgrund der empirischen Unterbestimmtheit von Theorien sogar die Wahl, an welcher Stelle, also bei welchen Aussagen die Reparaturarbeiten ansetzen sollen. Kurzum, Theorien sind nicht so leicht durch widerspenstige Tatsachen zu erschüttern.

Radikaler Wandel ist also unwahrscheinlich, aber nicht unmöglich. Kuhn geht davon aus, dass die Wissenschaft immer dann auf eine ernste Krise zusteuert, wenn sie sich eingehender mit ihren theoretischen Grundlagen zu beschäftigen beginnt. In dieser Phase türmen sich offensichtlich Rätsel auf, die im Rahmen des gültigen Paradigmas nicht mehr lösbar sind. Widersprüchliche Beobachtungen erscheinen nun als Schwäche des alten Paradigmas. Die Weltsicht, auf der alle bisherige Forschung basierte, wird brüchig. Wenn sich diese Krise zuspitzt und außerdem ein aussichtsreiches, neues Paradigma bereits in Reichweite ist, vollzieht sich ein Paradigmenwechsel – Kuhn nennt dies »wissenschaftliche Revolution«.

Eine solche Revolution hat gewaltige Folgen. Denn mit dem neuen Paradigma etabliert sich eine neue Art und Weise, die Welt zu sehen, Dinge zu beschreiben und Fragen zu stellen. Wir können wohl sagen, schreibt Kuhn (1976: 123), »dass die Wissenschaftler nach einer Revolution mit einer anderen Welt zu tun haben. [...] Es ist fast, als wäre die Fachgemeinschaft plötzlich auf einen anderen Planeten versetzt worden, wo vertraute Gegenstände in einem neuen Licht erscheinen und auch unbekannte sich hinzugesellen.« Es kommt zu einem gründlichen Perspektivenwechsel, der der Forschung manchmal sogar neue Dinge vor die Linse rückt. So nahm zum Beispiel die Astronomie erst im Zuge der kopernikanischen Wende neue Sterne wahr. Zuvor hatte der Himmel als unveränderlich gegolten. Die Chinesen, die ein anderes Bild von Himmel und Erde hatten, hatten diese Sterne schon viel früher registriert.

Was Kopernikus für die Astronomie ist, ist Kuhn für die Wissenschaftsforschung. Er rückt die Logik der Forschung in ein neues Licht. Nach ihm lässt sich die Geschichte der Wissenschaft nicht mehr als ein geradlinig verlaufender Fortschrittsprozess erzählen. Sie erscheint nun vielmehr als eine bunte Abfolge unvergleichbarer Paradigmen. Mit jeder wissenschaftlichen Revolution setzt sich ein neuer Denkstil durch, der anders, aber nicht zwangsläufig besser als der alte ist. Schließlich haben sich die Altvordern auf Basis ihres Weltbilds ganz andere Fragen und Probleme gestellt und mit anderen methodischen Ansprüchen daran gearbeitet. Die Wissenschaft, so legt es Kuhn nahe, entwickelt sich im Krebsgang.

Was folgt aus all dem für die Soziologie? Ein erster Reflex könnte sein: Bloß keine Theoriedebatten! Sonst kommt ans Tageslicht, dass es um die Forschungsstandards des Fachs schlecht bestellt ist, weil ja in der Soziologie immer mehrere Paradigmen nebeneinander existieren. Aber das wäre zu viel der Selbstkritik. Schließlich ist die soziale Welt anders strukturiert als die Welt der Laborwissenschaften, und diese Einsicht muss auch Kuhns Argumentation neu justieren. Andernfalls würde man unterschreiben, dass nur Physik und Chemie zu den Wissenschaften gerechnet werden dürfen.

Ein anderer Aspekt dürfte für unseren Zusammenhang wichtiger sein: Von Kuhn lernen wir, dass man Theoriegeschichte nicht automatisch als Fortschrittsgeschichte verstehen sollte. Und das heißt dann natürlich auch: Nicht die aktuellste (oder gerade besonders modische) Theorie hat recht. Gerade weil soziologisches Forschen immer (bewusst oder unbewusst) von (guten oder schlechten) Theorien geleitet ist, sollten wir uns genau überlegen, welcher Theorietradition wir folgen wollen. Es ist daher nicht falsch, wenn man sich über die vielfältige Theorielandschaft der Soziologie einen gewissen Überblick verschafft. Eine kleine Hilfe dabei bietet dieses Buch.

2 Das geschichtsphilosophische Erbe der Soziologie

Die Soziologie – in Gestalt der Gesellschaftstheorie – lebt von zwei großen Fragen. Erstens: Was hält die Gesellschaft zusammen? Zweitens: Was treibt den gesellschaftlichen Wandel voran? Die erste Frage dreht sich um die Struktur, um den Aufbau der Gesellschaft. Es geht darum, wie sich Gesellschaften stabilisieren, welche Regelmäßigkeiten und Routinen regieren und wie sich aus einer Vielzahl eigensinniger, atomisierter Individuen überhaupt ein stabiles Sozialwesen formen lässt. Das ist die Frage nach der Ordnung. Paradigmatische Antworten stammen von den Gründervätern der Soziologie; sie werden im Folgenden noch erwähnt (siehe Kapitel 6 und 8). Die zweite Frage dreht sich um Veränderungsprozesse. Es geht darum, wie Ideen und Institutionen unter Druck geraten, welche Akteure und Ereignisse die bestehende Ordnung durcheinanderwirbeln und welche Entwicklungsstadien unsere Gesellschaft bislang durchlaufen hat. Das ist die Frage nach dem sozialen Wandel.

Die großen Erzählungen sozialen Wandels arbeiten mit Prozessbegriffen, die recht abstrakt ansetzen, zum Beispiel Rationalisierung, Urbanisierung, Individualisierung oder Globalisierung. Diese Begriffe unterstellen allesamt, dass die gesellschaftliche Entwicklung durch Megatrends geprägt ist und sich auf ein Ziel hinbewegt, sei es der Sieg des rechnerischen Kalküls über die Leidenschaften (Rationalisierung) oder die Massenflucht in die Städte (Urbanisierung). Die gemeinsame Klammer über all diesen Prozessen bildet der Begriff der Modernisierung. Er setzt voraus, dass diese parallel verlaufenden Prozesse miteinander harmonieren und sich gegenseitig verstärken, so dass alle Gesellschaften letztlich jenes Stadium erreichen werden, in dem wir heute schon leben. Diese weit verbreitete Vorstellung zeigt, dass der Soziologie nach wie vor die Geschichtsphilosophie in den Knochen steckt (Knöbl 2022).

Tatsächlich erfand die Soziologie – die sich erst Ende des 19. Jahrhunderts als eigenständige Disziplin durchsetzte – die Welt nicht neu, sondern stützte sich auf philosophische Formen der Welterschließung. Das heißt, die Soziologie erbte zentrale Begriffe, Problemstellungen und Perspektiven von der Philosophie. Ein wichtiger Motor für die soziologische Theoriebildung war die Geschichtsphilosophie. Deren Vorstellung von einem geradlinigen, unumkehrbaren Fortschritt in der Geschichte prägte die Soziologie – bis hinauf zu den klassischen Modernisierungstheorien (siehe Kapitel 6). Aber auch in anderen Details finden sich noch ihre Spuren. Wir meinen zum Beispiel, dass die soziokulturelle Evolution als eine Abfolge in sich abgeschlossener Gesellschaftsformationen zu verstehen ist; wir unterscheiden daher vormoderne, moderne und spätmoderne Gesellschaften. Darin spiegelt sich ein Denken in Epochen, das historisch von weit her kommt: Schon im Mittelalter wurde eine theologisch (heilsgeschichtlich) begründete Dreiteilung der Weltgeschichte vorgenommen (Joachim von Fiore u. a.).

Was hat man sich nun unter dieser Geschichtsphilosophie vorzustellen? Die Geschichtsphilosophie ist weder eine präzise Theorie noch eine wissenschaftliche Disziplin. Unter diesem Titel sammeln sich vielmehr Geschichtsdeutungen, die einen gemeinsamen Blickwinkel teilen. Die Geschichtsphilosophie, die ihren Höhepunkt bei Hegel findet, geht davon aus, dass die Menschheitsgeschichte von allgemeinen Gesetzmäßigkeiten gesteuert wird, also einem »Plan« folgt (der von der Philosophie zu entschlüsseln ist); und zweitens, dass diese Geschichte einen Sinn hat und zu einem erkennbaren Ziel führt. Dieses Ziel – und das entspricht dem Fortschrittsoptimismus der Aufklärung – liegt in der Vervollkommnung des Menschen (was dessen Bildungsfähigkeit voraussetzt) bzw. des Gemeinwesens (was dessen Gestaltbarkeit voraussetzt). Die Geschichte ist an ihrem Ende angelangt, wenn das Paradies auf Erden verwirklicht ist. Bis dahin verläuft sie als steter, zuverlässiger Höherentwicklungsprozess.

Dieser Prozess vollzieht sich nicht stufenlos, sondern in Epochen. Der französische Philosoph VOLTAIRE (1694–1778) zum Beispiel konnte in der Weltgeschichte vier Epochen erkennen, nämlich die griechische und römische Antike, die Renaissance und das Zeitalter Ludwigs XIV., das »aufgeklärteste aller bisherigen Zeitalter« (Voltaire 2015: 5). Sein Epochenschema ließ weite Zeiträume der Weltgeschichte im Dunkeln, weil der Aufklärungsphilosoph nur solche Zeitalter berücksichtigte, in denen es zu bedeutenden Fortschritten auf dem Gebiet der Vernunft (Künste, Philosophie, Staatsführung) gekommen war. Die Idee der

Vernunft, mit anderen Worten, dient ihm als Relevanzkriterium, um die Geschichte mitsamt ihrer überwältigenden Fülle an Geschehnissen und Ereignissen in eine erzählbare Ordnung zu bringen.

Das Epochendenken hat religiöse Wurzeln (vgl. Le Goff 2016: 17 ff.). Im Alten Testament, im Buch Daniel (aber auch schon bei Hesiod), findet sich ein Epochenmodell, das sich an der Vorstellung von den vier Zeitaltern (vom goldenen bis zum eisernen) orientiert. Augustinus, der große Kirchenlehrer aus dem frühen 5. Jahrhundert, unterschied in seinem Werk *Über den Gottesstaat* sechs Epochen, die den Lebensaltern des Menschen (von der Kindheit bis zum Greisenalter) nachgebildet war. Dieser biologischen Analogie entsprechend beschrieb er die Menschheitsgeschichte als einen langsamen Verfallsprozess. Erst im 17. und 18. Jahrhundert, als religiöse Weltdeutungen merklich an Wirksamkeit zu verlieren begannen, setzte sich auch der Glaube an die Verbesserungsfähigkeit des Menschen und der Gesellschaft durch.

Mit dem Epochendenken eng verbunden ist die Idee einer Universalgeschichte. Das heißt, die Geschichte wird als global einheitlicher und zielgerichteter Prozess verstanden, der einer monokausalen Entwicklungslogik folgt. Das bedeutet unter anderem: Geschichte wiederholt sich nicht, und vor allem: es gibt keinen historischen Rückschritt auf frühere Stufen des Bewusstseins. Die Wiedereinführung der Sklaverei ist demnach ebenso wenig denkbar wie die Abschaffung der Naturwissenschaften.

Diese Form der Geschichtsphilosophie ist heute überholt, doch hat sie in der Soziologie deutliche Spuren hinterlassen. Die Annahme von (global gültigen) Epochen oder

Stadien der Gesellschaftsentwicklung; die Ansicht, dass es (kritische) Schwellenwerte gibt, die den Übergang zu einem nächsten Zeitalter ankündigen; die Auffassung, dass sozialer Wandel von einer zentralen Kraft angetrieben wird (zum Beispiel von der Technik oder vom Proletariat); die Vorstellung, dass die Errungenschaften der alten Gesellschaft in der neuen aufgehoben sind – all diese Ideen, die auch noch zeitgenössische soziologische Theorien beflügeln, gehen auf die Geschichtsphilosophie zurück.

Die List der Natur

In früher Perfektion finden sich die Grundlagen geschichtsphilosophischen Denkens bei IMMANUEL KANT (1724–1804). Seine Vorstellung von Geschichte hat er in der Abhandlung mit dem Titel *Idee zu einer allgemeinen Geschichte in weltbürgerlicher Absicht* (1784) ausgearbeitet (Kant 1999). Kant zufolge hat die Menschheitsgeschichte einen inneren Zusammenhang, also eine Struktur, die auch erkennbar ist. Von Geschichte kann für Kant überhaupt nur dann sinnvoll die Rede sein, wenn man ihr einen Zweck oder ein Ziel (griechisch *telos*) unterstellt. Andernfalls wäre Geschichte nichts anderes als ein gleichförmig ablaufender Strom der Zeit oder ein Sammelsurium bloßer, zufälliger Ereignisse und Tatsachen.

Das höchste Ziel der Menschheit, so Kant, besteht in der »Erreichung einer allgemein das Recht verwaltenden bürgerlichen Gesellschaft« (ebd.: 9). Das heißt, Geschichte hat ein Ziel, einen Sinn und eine innere Logik. Nur weil wir ein Ziel voraussetzen, erscheint die Geschichte als Prozess, in dem eine Logik wirkt, die wir entschlüsseln können. Dieses philosophische Modell, Geschichte zu denken, ist der Art und Weise ähnlich, wie die Naturwissenschaften die Natur verstehen: Die Natur hat Gesetze, so haben wir in der Schule gelernt, und diese werden von den Wissenschaften entdeckt. Tatsächlich aber hat nicht die Natur Gesetze; vielmehr ist unser modernes Naturbild von der Idee der Gesetzmäßigkeit inspiriert. Schließlich verstehen wir die Natur als eine gleichförmig ablaufende Maschinerie. Mittels geeigneter Experimente entschlüsseln wir deren Logik. Das große Projekt der Enträtselung der Natur basiert also auf der Voraussetzung, dass wir die Naturprozesse unserer Vernunft zugänglich gemacht haben.

Zurück zu Kants Geschichte: Die menschliche Geschichte, so haben wir gehört, ist ein Fortschrittsprozess, der auf die Verwirklichung eines vorherbestimmten Ziels hinausläuft. Aber wie funktioniert dieser Fortschritt? Woher bezieht dieser Prozess seine Energie? Kants Auskunft lautet: Es ist die List der Natur, die den Fortschritt antreibt. Die List der Natur? Fangen wir vorne an: Der Mensch ist in physischer Hinsicht schlechter ausgestattet als andere Lebewesen; er hat keine Instinkte und wenig Kraft. Das bedeutet, dass der Mensch alles aus sich selbst heraus hervorbringen muss, und zwar kraft seines Intellekts. Institutionen, Gemeinschaft, Kultur – all das bringt der Mensch aus seiner Bedürftigkeit hervor, eben weil er aufgrund seiner Schwäche gezwungen ist, aus der Vereinzelung herauszutreten.

Zwecks Höherentwicklung der Menschheit muss der Mensch seine Anlagen und Talente entwickeln. Dies tut er aber nicht selbstbestimmt und freiwillig, sondern aufgrund einer List der Natur. Denn die Natur hat es so eingerichtet, dass zwischen den Menschen Zwietracht existiert. Kant spricht hier von der »ungeselligen Geselligkeit der Menschen«. Anders gesagt: Die Menschen sind getrieben von Neid, Hab- und Herrschsucht. Daraus entsteht intensiver Kontakt zwischen den Menschen, nur eben in konflikthafter Form. In diesen Konflikten sehen sich die Menschen gezwungen, ihre Anlagen und Talente zu entwickeln. Auf diese Weise entwickelt sich die Kultur. In politischer Hinsicht verwirklicht sich der Fortschritt in der Herausbildung einer bürgerlichen Gesellschaft.

Aber wie gesagt: Alles, was an Recht, Ordnung und Kultur entwickelt worden ist, entstand durch Konkurrenz und Konflikte. Die Natur, mit anderen Worten, zwingt den Menschen zu respektablen Kulturleistungen. Kant schreibt: »[...] in einem arkadischen Schäferleben bei vollkommener Eintracht, Genügsamkeit und Wechselliebe [würden] alle Talente auf ewig in ihren Keimen verborgen bleiben: die Menschen, gutartig wie die Schafe, die sie weiden, würden ihrem Dasein kaum einen größeren Werth verschaffen, als dieses ihr Hausvieh hat; sie würden das Leere der Schöpfung in Ansehung ihres Zwecks, als vernünftige Natur, nicht ausfüllen. Dank sei also der Natur für die Unvertragsamkeit, für die mißgünstig wetteifernde Eitelkeit, für die nicht zu befriedigende Begierde zum Haben oder auch zum Herrschen! Ohne sie würden alle vortrefflichen Naturanlagen in der Menschheit ewig unentwickelt schlummern. Der Mensch will Eintracht; aber die Natur weiß besser, was für seine Gattung gut ist: sie will Zwietracht.« (ebd.: 8)

Fazit: In der Geschichte ist die Vorsehung am Werk. Denn der Mensch tut nichts anderes, als einen in der Natur verborgenen Plan auszuführen, den er selber gar nicht durchschaut. Am Ende, überraschend genug, schafft das Böse (Neid, Streit, Herrschsucht) das Gute, nämlich den historischen Fortschritt. Dieser Fortschritt dokumentiert sich in der Herausbildung einer bürgerlichen Kultur und Ordnung, die alle Anlagen des Menschen fördert.

Die List der Vernunft

Die Zeit des deutschen Idealismus, das ist die Blütezeit der Geschichtsphilosophie. Jetzt wird detailliert aus- und umgearbeitet, was Kant und andere vorgelegt haben. Grundlegend dafür werden die Vorlesungen zur *Philosophie der Weltgeschichte*, die GEORG WILHELM FRIEDRICH HEGEL (1770–1831) ab 1822 in Berlin vorgetragen hat. Sein Ausgangspunkt lautet: Vernunft regiert die Welt, denn »in der Weltgeschichte ist es vernünftig zugegangen« (Hegel 1970: 20). Dies ist für Hegel sowohl Voraussetzung wie auch Ergebnis jeder Geschichtsbetrachtung. Denn wer mit den Kategorien der Vernunft an die Sache herangeht, unterstellt bereits, dass die Dinge kraft dieser Vernunft entschlüsselt werden können. »Wer die Welt vernünftig ansieht, den sieht sie auch vernünftig an, beides ist in Wechselbestimmung.« (ebd.: 23)

Es gilt also erneut, genauso wie bei Kant: Die Geschichte ist nicht einfach eine Abfolge von Zufällen, sondern ein Prozess, der aufgrund seiner inneren Logik auch erkennbar ist. Erst diese Annahme motiviert überhaupt den philosophischen Versuch, die eigene Zeit verstehen zu wollen. Wenn der Welt keine Vernunft, keine Logik, kein planmäßiger Geist zugrunde liegen würde, könnte man sie nicht verstehen. Die intelligible Struktur der Welt – das ist die Grundlage aller Wissenschaft. Wenn wir glauben würden, die Welt wäre ein strukturloses Chaos, dann wäre der Versuch aussichtslos, sie zu ergründen. Die Welt bliebe unberechenbar, absurd und unverständlich. Das Projekt Wissenschaft basiert letztlich auf dem unbedingten Glauben (Nietzsche wird höhnen: auf dem Aberglauben!), dass Natur und Geschichte erkennbar sind, weil beide Bereiche Gesetzmäßigkeiten folgen, die wir entschlüsseln können.

Hegel sagt darum: »Gott regiert die Welt, [...] die Vollführung seines Plans ist die Weltgeschichte.« (Hegel 1970: 53) Dabei ist Hegel durchaus klar, dass der Begriff des Plans den quasi-religiösen Begriff der Vorsehung beerbt. Philosophisches Denken, zumindest im Zeitalter der Aufklärung, wurzelt also in religiösen oder metaphysischen Vorstellungen. Man kann dies kritisieren oder aber – so wie der Philosoph und Soziologe Helmuth Plessner (1892–1985) – schlussfolgern: Wer religiöses Denken komplett auslöscht, zerstört auch die Idee von Fortschritt und Emanzipation (Plessner 2016).

Wenn es also einen Weltplan gibt, wenn die menschliche Geschichte die Geschichte der sich schrittweise entfaltenden Vernunft ist, dann drängt sich die Frage auf, in welchem Stadium dieses Prozesses wir uns befinden. Kant hatte sich diese Aufgabe der konkreten Epochenbestimmung noch gar nicht gestellt, Hegel nimmt sie in Angriff. Allerdings: Um die eigene Epoche richtig zu charakterisieren, muss der Philosoph alle Epochen verstanden haben. Und dieses Verstehen setzt eben die genaue Kenntnis des Weltplans voraus. Nur wer den Weltplan entziffert hat (also weit über den Dingen steht), dem erschließt sich die Geschichte, und zwar als ein logischer Entwicklungsprozess von sinnhaft aufeinander bezogenen Epochen.

Hegel präsentiert den Zuhörern seiner Vorlesung drei große, jeweils periodisch unterteilte, Epochen der Weltgeschichte, die dem Lebenszyklus des Menschen nachempfunden sind. Er beginnt mit der orientalischen Welt, dem »Kindesalter« der Geschichte, in der sich die Freiheit auf die Figur des Herrschers beschränkt. Die griechisch-römische Welt repräsentiert das »Mannesalter« der Weltgeschichte, in der sich die Freiheit auf eine kleine Gruppe der Besten beschränkt. In der germanischen Welt, dem »Greisenalter«, vollzieht sich die Durchsetzung der Vernunft auf breiter Basis, versinnbildlicht in Reformation, Staatlichkeit und Aufklärung. Durch den allgemeinen Vernunftgebrauch wird die Freiheit zum ersten Mal in der Geschichte für alle greifbar. In ihrem Greisenalter befindet sich die Welt also im Zustand vollkommener Reife. Das Endstadium der Geschichte ist erreicht.

JOHANN GOTTLIEB FICHTE (1762–1814), Hegels Vorgänger an der Berliner Universität, hatte in seinen Vorlesungen fünf Epochen entworfen, ohne diese genauer zu datieren (Fichte 1962). In der ersten Epoche hat die Vernunft die Form eines von außen kommenden Gesetzeszwanges (Naturgewalt) und äußert sich auf der Handlungsebene als Gewohnheit und Routine. Wir denken hier wahrscheinlich an Stammesgesellschaften. Auf der zweiten Stufe wird diese Vernünftigkeit dogmatisch, also durch die Vermittlung einiger weniger Autoritäten, vertreten (Antike, Mittelalter). Die Epochen vier und fünf bezeichnen jene Entwicklungsphasen, in der sich – vermittelt durch Philosophie und Wissenschaft – ein freier Vernunftgebrauch durchsetzt. Die vernunftgemäße Einrichtung einer Gesellschaft aus freiem Willen und höherer Einsicht – dies ist Krönung und Abschluss der menschlichen Geschichte.

Seine eigene Zeit – Stufe 3 – begreift Fichte als ein Übergangsstadium, das gewissermaßen in der Vernunftfalle steckt: Zwar habe man sich dank der Wissenschaft vom bloßen »Vernunftinstinkt« befreit. Doch die Vernunftkritik seines Zeitalters, schimpft Fichte, schieße über das Ziel hinaus. Schließlich ist ein empirisches Denken in Mode gekommen, das alles, was über die unmittelbare Erfahrung hinausreicht, als metaphysischen Unsinn abwertet. Diese Verdammnis trifft natürlich auch Fichtes eigene Philosophie, in der so esoterische Dinge wie die »Idee«, das »Ding an sich« oder der »absolute Geist« im Zentrum stehen. Er ist überzeugt: Nur eine empirische Wissenschaft, die durch die ewigen Ideen der Philosophie inspiriert ist, kann die wahre Vernunft realisieren. Es ist also noch ein längerer Weg bis zur Stufe 5. Allerdings: Sein gegenwärtiges Zeitalter ist für Fichte ein notwendiges Durchgangsstadium auf dem Weg zum Glück.

Was ist der Motor der Geschichte? Bei Hegel sind es die »welthistorischen Individuen«, also jene Heroen, die mit der Verfolgung ihrer individuellen Interessen gleichzeitig das allgemeine Interesse befördern. Zum Beispiel Cäsar: Der kämpfte für seine Ehre und Karriere, legte damit aber den Grundstein für ein robustes Staatswesen, sagt Hegel (1970: 45). Und der Staat ist für den Philosophen der Garant für ein gedeihliches Zusammenleben. Nur in Form des Staates lässt sich individuelle Freiheit (in Harmonie mit der

Freiheit aller) verwirklichen. Ein anderes Beispiel ist Napoleon: Der überzog ganz Europa mit Kriegen, um seinen Machtbereich auszudehnen. Gleichzeitig exportierte er dank seines Expansionsdrangs auch die Gedanken der Aufklärung. Mit seinen Truppen transportierte er die Idee der Judenemanzipation quer durch Mitteleuropa, was dazu führte, dass viele Staaten Emanzipationsgesetze nach französischem Vorbild erließen.

Darin besteht die List der Vernunft: Die Selbstsucht der großen Geschichtsfiguren (Alexander, Cäsar, Napoleon) dient unter der Hand dem Allgemeinwohl. Indem sie für die eigenen Zwecke kämpfen, tragen sie zum historischen Fortschritt bei. Die Vernunft setzt sich also nicht offensiv, mit Pauken und Trompeten, durch, sondern auf leisen Sohlen und durch die Hintertür. Ihr Instinkt treibt die Helden der Weltgeschichte zu Taten, die dem Weltplan in die Hände spielen. Hegel nennt sie darum die »Geschäftsführer des Weltgeistes« (ebd.: 46).

Macht sich bei Kant die Geschichte den Konkurrenzeifer einer undefinierten Menge zunutze, so ist es bei Hegel der Kampfgeist einer welthistorischen Elite. Bald wird Marx eine weitere Akzentverschiebung vornehmen: Bei ihm sind es die Kämpfe zwischen sozialen Klassen, die die Geschichte vorantreiben. Sein Augenmerk gilt dabei den Auseinandersetzungen zwischen Kapitalisten und Proletariat, weil diese den letzten Schritt ins irdische Himmelreich vorbereiten: die Durchsetzung des Kommunismus. So hat auch noch bei Marx die Geschichte eine klare Epochenstruktur. Außerdem erscheint die Geschichte weiterhin als ein Höherentwicklungsprozess, der durch Kampf, Krieg und Konflikte vorangetrieben wird. In dieser Geschichtsphilosophie, und darin ist sie wirklich modern, erscheint also die ständige Veränderung als Kernmerkmal der Geschichte. Bei Hegel heißt es: »Wenn wir nun einen Blick auf die Weltgeschichte überhaupt werfen, so sehen wir ein ungeheures Gemälde von Veränderungen und Taten, von unendlich mannigfaltigen Gestaltungen von Völkern, Staaten, Individuen, in rastloser Aufeinanderfolge.« (ebd.: 97) Wir schlussfolgern daraus: Das einzige, was im Geschichtsprozess konstant bleibt, ist der Wandel.

Die List der Soziologie

Dass die Geschichtsphilosophie eine wesentliche Inspirationsquelle für die frühe Soziologie war, wird nirgendwo offensichtlicher als im Werk von AUGUSTE COMTE (1798–1857), dem Namensgeber der Soziologie. In seinem bekannten Dreistadiengesetz bestimmt er die Entwicklung der Menschheit als einen stufenweisen Fortschritt, der vom theologischen über das metaphysische zum wissenschaftlich-positiven Denken führt.

Im theologischen Zeitalter dominiert der Fetischismus, das heißt eine irrationale Vergötzung von Dingen oder Mächten, die man nicht durchschaut. So erklärt man sich beispielsweise beängstigende Naturphänomene durch übernatürliche Kräfte und versucht diese durch Naturverehrung zu bannen. Mit dem Versuch, sich die fremde Welt kognitiv anzueignen, setzt sich im Lauf der Zeit der Glaube an gesetzesartige Zusammenhänge durch. Es gibt nun einen Urheber, der die Geschicke der Welt steuert. Damit ist der Schritt vom Polytheismus zum Monotheismus getan.

Das metaphysische Zeitalter ist für Comte ein Übergangsstadium. In dieser Epoche forscht man zwar weiterhin nach dem Wesen der Dinge, setzt dabei aber nicht mehr auf Gottheiten und übernatürliche Kräfte, sondern auf eine hinter den Dingen liegende Realitätsebene – quasi auf Ideen (wie Freiheit oder Vernunft). Die Metaphysik, sagt Comte (1956: 21), ist »im Grunde nichts anderes als eine Art [...] schrittweise entnervter Theologie.« Metaphysik, das hatten wir schon gehört, wird im Zeitalter des Empirismus zum Schimpfwort, um Erkenntnisansprüche zu diskreditieren, die sich nicht auf herzeigbare Fakten zurückführen lassen. Jedenfalls: Im metaphysischen Zeitalter, so kritisiert Comte, sucht die Menschheit letztlich doch wieder in der Religion nach Erlösung – oder aber in einer übersteigerten Religionskritik. Deswegen bezeichnet Comte das Denken dieser Epoche als eine Art »chronische Krankheit«. Denn es ist weder authentischer, religiöser Glaube noch echte, empirische Wissenschaft.

Das wissenschaftlich-positive Zeitalter stellt für Comte die Krönung der menschlichen Geschichte dar. Es ist erst dann erreicht, wenn die ausufernde menschliche Einbildungskraft durch die nüchterne empirische Anschauungsweise gebändigt wird. An die Stelle bloßer Spekulation über das Wesen der Dinge tritt nun die Erforschung von Zusammenhängen und Gesetzmäßigkeiten auf der Grundlage kontrollierter Beobachtung. Nur jene Aussagen gelten fortan als sinnvoll, die sich durch Beobachtung und Erfahrung bestätigen lassen. Anstatt also nach den letzten Ursachen der Dinge zu fahnden, erforscht man die konstanten Beziehungen zwischen den Dingen, also ihre Gesetzmäßigkeiten. Der Endzweck des positiven Geistes, so erklärt

Comte, besteht darin, aus der Erforschung des Gegenwärtigen heraus das Zukünftige erschließen zu können. »Rationale Voraussicht« nennt er das.

Comtes Dreistadiengesetz bringt also die feste Überzeugung zum Ausdruck, dass sich in der Geschichte ein Fortschritt vollzieht, und zwar in Richtung einer immer besseren Welterkenntnis. Dieser Fortschrittsprozess kennt keine Sprünge. Die genannten drei Stadien sind, wie Comte in seiner *Rede über den Geist des Positivismus* festhält, nacheinander zu durchlaufen. Am Ende, im wissenschaftlichen Zeitalter, verfügen wir freilich nicht über die absolute Wahrheit. Wir sind keine Götter. Das Beste, was wir erreichen können, sind relative Wahrheiten. Schließlich, so gibt Comte zu bedenken, sind die menschlichen Beobachtungssinne nun einmal unvollkommen. Eine ziemlich moderne Position.

Das Dreistadiengesetz bezieht sich nicht nur auf die Welt des Geistes. Comte hat keine Zweifel daran, dass der Fortschritt des menschlichen Geistes auch eine moralische Vervollkommnung des Menschen sowie eine Verbesserung des gesellschaftlichen Lebens bedeutet. Für seine eigene Zeit ergibt sich daraus die tröstliche Gewissheit, dass jene Turbulenzen, in die seine Gesellschaft durch Industrialisierung, Welthandel und Arbeiterbewegung geraten ist, in einer neuen Harmonie überwunden werden können. Comte, der seine Zeit als Kampfschauplatz zwischen Revolution und Restauration erlebt, verfolgt in seiner Geschichtsphilosophie also auch ein klares politisches Ziel, nämlich die Vermittlung von Ordnung und Fortschritt zu leisten.

Die auf der brasilianischen Flagge verewigte Formel »Ordem e progresso« erinnert an Comtes politische Mission –

und an den Einfluss, den der Soziologe auf die Gründerväter dieser Republik hatte. Tatsächlich ging es Comte darum, die bürgerliche Gesellschaft in einer Weise zu stabilisieren, die die Errungenschaften der Revolution bewahrt, ohne deren Tendenz zu Anarchie und Despotismus nachzugeben. Die planmäßige Einrichtung einer geistig-moralisch erneuerten, politisch qua Verfassung stabilisierten sowie auf Fortschritt ausgerichteten Gesellschaft kann Comte zufolge nur in der privilegierten Einsicht in die Logik der Geschichte gründen. Hilfreich ist dabei eine Wissenschaft, die den positiven, das heißt empirisch-präzisen Geist der Epoche verkörpert: die Soziologie. Diese junge Wissenschaft soll mithilfe empirischer Forschung nachweisen, dass die menschliche Geschichte der im Dreistadiengesetz postulierten Entwicklungslogik auch tatsächlich folgt – und auf diese Weise den Glauben an die Höherentwicklung der Menschheit stärken. Weil er solchermaßen das naturwissenschaftliche Denken in Gesetzmäßigkeiten auf gesellschaftliche Zusammenhänge anwenden will, versteht Comte die Soziologie als soziale Physik.

Interessant ist in unserem Zusammenhang zweierlei. Erstens: Der Glaube an den Fortschritt bildet die normative Basis des Positivismus. Comte begreift die Geschichte – genauso wie Hegel – als einen sinnvollen, gesetzmäßig ablaufenden und auf ein Erlösungsstadium zulaufenden Prozess. Anders als der Philosoph jedoch dringt er auf eine empirische Bestätigung dieser Geschichtskonzeption. Dies bringt die Soziologie ins Spiel. Das unablässige Zählen und Messen einer positivistischen Soziologie bricht in das Reich der geschichtsphilosophischen Spekulation ein. Die List der Soziologie, so könnte man sagen, liegt in der Instrumentalisierung der Geschichtsphilosophie zum Zweck ihrer eigenen Professionalisierung. Der Aufstieg der Soziologie ist damit – ganz entgegen der Comte'schen Intention – ein erster Hinweis auf den allmählich verblassenden Glanz der Geschichtsphilosophie.

Zweitens: Bei Comte vollzieht sich der Fortschritt weder durch den unablässigen Konkurrenzkampf innerhalb einer anonymen Masse (Kant) noch durch große Staatsmänner, die in geheimer Vernunftmission unterwegs sind (Hegel). Der Fortschritt spielt sich vielmehr in der Sphäre des Geistes ab und äußert sich in der Abfolge verschiedener Wissensformen oder Denkstile, die nach dem Grad ihrer Rationalität hierarchisch geordnet sind. Das heißt, jede Epoche ist durch einen bestimmten Denkstil charakterisiert. Zwar werden diese Denkstile noch nicht nach Regionen, Klassen und Schichten unterschieden. Aber das macht nichts. Im Prinzip wird die Geschichtsphilosophie bereits von Comte auf eine wissenssoziologische Grundlage umgerüstet. So wird Comte zu einem wichtigen Stichwortgeber der Wissenssoziologie.

3 Wissenssoziologie

In der Soziologie landen viele Studienanfänger, die »gerne was mit Menschen machen wollen«, wie es so schön heißt. Manche von ihnen verwechseln dabei Soziologie mit Sozialer Arbeit. Die Enttäuschung ist vorprogrammiert. Denn schnell wird deutlich, dass die Soziologie kein großes Interesse an konkreten Problemen individueller Lebensbewältigung hat. Stattdessen wird man in Einführungsveranstaltungen mit abstrakten Dingen traktiert, mit Theorien, Methoden oder Statistik. Die Soziologie, klagt dann so manche(r) Studierende ernüchtert, sei eigentlich »gar nicht so sozial«.

Einige hätten viel lieber Psychologie studiert, sind aber am Numerus clausus (Deutschland) oder an der Aufnahmeprüfung (Österreich) gescheitert. Doch die Soziologie, so tröstet man sich, sei ja auch eine Art Psychologie, nur hochgerechnet auf soziale Aggregate. Recht schnell wird dann im Studium deutlich, dass die Soziologie ihre Gesellschaft gar nicht auf die Couch legt. Und, schlimmer noch, dass der Rückgriff auf menschliche Eigenschaften, um soziale Zusammenhänge zu erklären, sofort den Vorwurf des »Psychologismus« provoziert.

Das Menschliche vom Gesellschaftlichen her deuten – das ist das Geschäft der Soziologie. Dieses Geschäft ist erst um die Jahrhundertwende in Mode gekommen, wie einer der Gründerväter der Soziologie, Georg Simmel (1858–1918), bemerkt hat. Der Glaube an Klassen, also das marxistische Credo, ist Simmel zufolge der zentrale Schrittmacher für dieses gesellschaftsorientierte Denken. Weil die Klassen als Motor der Geschichte gelten, glaubt man, dass »jede individuelle Erscheinung durch eine Unermeßlichkeit von Einflüssen aus ihrem menschlichen Umgebungskreise bestimmt ist« (Simmel 1992: 14).

Dieser Verdacht – nämlich dass alles, was existiert und passiert, durch den gesellschaftlichen Kontext bestimmt ist – wird bald auch auf den abstrakten Bereich des Wissens und Denkens ausgedehnt. Das heißt, man geht davon aus, dass das Denken nicht einfach eine individuelle Bewusstseinsleistung ist, wie die Philosophie lange glaubte. Vielmehr ist unser Denken abhängig vom sozialen Kontext, von unseren – gesellschaftlich geprägten – Interessen, Werten und Denkmustern. Natürlich denken Menschen als Individuen, aber sie tun es nicht voraussetzungslos – sondern in Bahnen, die ihnen ihre soziale Schicht und Herkunft vorzeichnen. Das ist das Credo der Wissenssoziologie, die in den 1920er Jahren zu einer ersten Blüte kam.

Die Differenz der Wissensformen

Wissen, Erkenntnis, Denken – das war die längste Zeit in der Geistesgeschichte das Terrain der Philosophie gewesen. Zentrale Fragen lauteten: Wie ist Erkenntnis möglich? Was macht Wahrheit aus? Wie lässt sich Gewissheit herstellen? In der klassischen Konzeption ging man davon aus, dass Erkenntnis der exklusiven Austauschbeziehung zwischen dem erkennenden Subjekt, dem Menschen, und den zu entschlüsselnden Objekten, der Welt der Dinge, entspringt. Körperlichkeit, Sinnlichkeit, Emotionalität der Subjekte galten in diesem Prozess als gefährliche Störfaktoren. Echtes Wissen beruhte auf Kontemplation.

Mit dem Aufkommen der jungen Soziologie ändert sich das grundlegend: Wissen wird nun zum sozialen Ereignis. Das Geistige ist nicht vom Geist her zu verstehen, erklärt die Wissenssoziologie, sondern von sozialen Faktoren, die unser Denken prägen. Denn als Denkende sind wir keine sterilen Gefäße höherer Vernunft, sondern – in vielfältigen Rollen – Mitglieder der Gesellschaft. Erst unser sozialer Standpunkt macht uns Dinge problematisch und regt zum Nachdenken an. Dass dieses Denken dann natürlich Spuren unserer sozialen Herkunft, Bildung, Berufsgruppe usw. zeigt, ist unvermeidlich.

Ein wichtiger Schrittmacher der Wissenssoziologie war MAX SCHELER (1874–1928). Er entwickelte seine Gedanken in kritischer Auseinandersetzung mit Comte. Sie erinnern sich: Der französische Soziologe war davon ausgegangen, dass jede Wissensform (also das religiöse, metaphysische und wissenschaftliche Denken) jeweils eine Epoche repräsentiert. Mit jeder neuen Epoche wird die vormals herrschende Wissensform durch eine neue überwunden. Die neue Wissensform ist auch die bessere, so dass sich im Geschichtsverlauf eine klare Hierarchie von Wissensformen ergibt.

Scheler (1982a) argumentiert dagegen: Religion, Metaphysik und Wissenschaft repräsentieren drei unterschiedliche, autonome Wissensformen, die jeweils einen bestimmten Zweck verfolgen und daher nicht wechselseitig ersetzbar sind. Im religiösen Wissen geht es um Seelenheil und Sinnstiftung. Im metaphysischen Wissen geht es um die Suche nach dem Wesen der Dinge und die Sichtbarmachung der ewigen Ideen. Und in der Wissenschaft geht es um die Enträtselung der Welt und die Verfügung über die

Dinge, allen voran die Beherrschung der Natur. Die Wissenschaft repräsentiert also den Herrschaftsgeist der Moderne.

Alle drei Wissensformen haben ihre Berechtigung, sofern sie sich auf ihren ursprünglichen Zweck beschränken: So wenig die Religion gültige Wahrheitsaussagen treffen kann, so wenig kann die Wissenschaft über den Sinn des Lebens informieren. Tut sie es dennoch, wird sie zur Pseudowissenschaft, zur Verkünderin von Weltanschauungen. Die großen Denksysteme können also gleichzeitig existieren, sie dürfen sich bloß nicht vermischen – für Scheler ein Hauptproblem seiner Zeit.

Es wäre daher ein Fehler anzunehmen, dass die Religion durch den Siegeszug der Wissenschaft zugrunde geht. Sie wird allein dadurch geschwächt, dass der (jeweilige) Glaube nicht mehr lebendig ist. Umgekehrt wird gerade die Religion zur Wegbereiterin der modernen Wissenschaft, weil sie den Aberglauben und die Mystik bekämpft. Indem die Religion einen bestimmten Bereich des Glaubens exakt abgrenzt, treibt sie die Form des exakten Denkens voran. Scheler (1982b) betont: Die Religion ist gar nicht gegen die Wissenschaft gerichtet; sie wendet sich vielmehr (und zwar gemeinsam mit der Wissenschaft) gegen das metaphysische Denken. Denn das metaphysische Spekulieren über den wahren Ursprung und das Wesen der Dinge läuft dem religiösen Dogma zuwider, in dem Gott als absoluter Anfang gesetzt ist.

Jede der drei – von Comte übernommenen – Wissensformen hat nicht nur einen bestimmten Zweck, sondern erfordert auch spezifische Methoden: Bei der Religion ist das die Meditation oder das Gebet, in der Metaphysik die

Spekulation, in der Wissenschaft das Experiment. Außerdem werden die Wissensformen von je spezifischen Persönlichkeitstypen repräsentiert und in besonderen Institutionen vertreten: Der (charismatische) Heilige wirkt im Rahmen einer Kirche oder Sekte; der weise Metaphysiker im Rahmen philosophischer Akademien, und der moderne Forscher in wissenschaftlichen Instituten oder in der Universität.

Comte hatte noch kein Gespür für die prinzipielle Differenz zwischen den Wissensformen, weil er das Herrschaftsmotiv wissenschaftlicher Erkenntnissuche zum generellen Motiv aller Denksysteme verabsolutierte. Damit entstand der Eindruck, als würde die – nur für die Wissenschaft typische – Fortschrittsidee auch in den anderen Denksystemen gelten. Erst Scheler unterschied zwischen wissenschaftlichem Machttrieb, religiöser Neugier und der für die Metaphysik so typischen Verwunderung (»Warum gibt es überhaupt etwas und nicht vielmehr nichts?«). Mit ihrem Eintreten für die Gleichwertigkeit verschiedener Denksysteme erweist sich die Wissenssoziologie als wichtiger Motor für die Entwicklung eines differenzierungstheoretischen Denkens.

Die Ehrenrettung der Ideologie

Dass die Wissenssoziologie im Deutschland der 1920er Jahre ihre Glanzzeit hatte, erklärt sich aus den gesellschaftlichen Spannungen dieser Ära. Es war der Anbruch des »Zeitalters der Extreme« (Hobsbawm 1998). Die Weimarer Republik, aber auch die erste Republik in Österreich waren von krassen Interessenkonflikten und politischer Polarisierung betroffen. Bald erzeugten die Auseinandersetzungen zwischen der extremen Rechten und den Linken bürgerkriegsähnliche Zustände, so wie in den Februarkämpfen 1934 im sogenannten Roten Wien (1919–34). Jede gemeinsame Grundlage schien dahin, im Politischen, in normativer Hinsicht und selbst im Denken. Die Kluft zwischen Aufklärungstradition (Sozialismus) und Irrationalismus (Faschismus) war unüberwindlich. In diesem Hexenkessel der politischen Ideologiekämpfe drohte jeder Sinn für eine gemeinsame Wirklichkeit verloren zu gehen. Warum rief dies die Wissenssoziologie auf den Plan?

Schon der französische Soziologe Émile Durkheim (1858–1917) hatte deutlich gesehen, dass soziale Ordnung auch von einem »logischen Konformismus« (Durkheim 1994: 38) getragen sein muss. Wenn wir die Welt nicht in gemeinsamen Kategorien deuten (wie etwa Zeit, Raum, Kausalität), wenn wir nicht zentrale Ideen teilen, ist Gesellschaft nicht möglich. Die Gesellschaft zerfällt unweigerlich, wenn jeder Sinn für eine gemeinsame Wirklichkeit verloren geht. Dieser Zeitpunkt schien nun in den politischen Tumulten der Nachkriegsära gekommen. Drängende Fragen, die sich die Wissenssoziologie stellte, lauteten daher: Wie lässt sich – wenigstens in der Welt des Geistes – wieder eine gemeinsame Grundlage finden? Wie lässt sich – im Zeitalter der Ideologien – die Idee der Wahrheit retten? Wie lässt sich das Verständnis für andere Denkweisen wecken und damit die Chance auf Verständigung eröffnen?

Es war der Soziologe KARL MANNHEIM (1893–1947), der diese Fragen für die Entwicklung der Wissenssoziologie fruchtbar gemacht hat. Die zugespitzten politischen Konflikte, so diagnostiziert er Ende der 1920er Jahre, haben zu einer geistigen Verwirrung beigetragen (Mannheim 1995). Ideologien und Utopien beherrschen das Feld. Beide Denkformen verbreiten Halb- oder Unwahrheiten, weil sie sich selektiver Wahrnehmung verdanken – entweder im Dienst der Weltverbesserung (Utopie) oder zwecks Legitimation der alten Ordnung (Ideologie). Die Folgen dieses Wunschdenkens (Mannheim spricht von »seinstranszendenten Vorstellungen«) sind gravierend: Das Vertrauen in die Vernunft geht verloren; man flüchtet in einen grundlos verallgemeinerten Zweifel oder gleich in den Irrationalismus.

Die originelle Wendung von Mannheim besteht nun darin, dass er in dieser Krisensituation nicht einfach zur Ideologiekritik greift. Es geht ihm nicht darum, die überhandnehmenden Ideologien seiner Zeit im Namen der Wahrheit anzuklagen. Mannheim sagt vielmehr: Dass es Ideologien gibt, ist kein Problem, sondern vielmehr unvermeidlich; die Frage ist nur, wie wir damit umgehen. Wenn wir Ideologien als Ausdruck eines (notwendigerweise) partikularen Denkens verstehen lernen, können wir die Idee der Wahrheit retten. Was meint er damit?

Die Antwort darauf bringt uns zum Kern der klassischen Wissenssoziologie. Wir hatten es eingangs ja schon gehört: Die Wissenssoziologie pocht darauf, dass sich alles Nachdenken in den Bahnen eines Denkstils vollzieht, der durch Interessen, Werte und Weltbild einer bestimmten Gruppe geprägt ist. Das heißt, die Gesellschaft durchdringt jedes Wissen; ihre Spuren finden sich in der Art und Weise, wie wir Probleme formulieren und bearbeiten, welche Abstraktionshöhe wir in unserer Fragestellung wählen und welches Begriffsverständnis wir mitbringen. Begriffe erklären sich nicht von selbst, sondern nur im Kontext eines Denksystems: Man kann zum Beispiel unter »Gleichheit« jede Form sozialer Ungleichheit skandalisieren (Sozialismus) oder aber die real existierende Chancengleichheit feiern (Liberalismus).

Worauf Mannheim hinauswill, und das ist der zentrale Punkt: Jedes Denken ist standortabhängig oder, wie er sagt, »seinsgebunden«. Diese Seinsgebundenheit meint also, dass das Wissen durch die soziale Lage (durch Herkunft, Generation, Schicht, Bildung usw.) bestimmt ist. Wissen ist unweigerlich partikular, perspektivisch und parteilich. Schließlich kann es – nach der soziologischen Entdeckung von Gesellschaft, Klassen und Schichten – kein »a-soziales«, »ortloses«, von allen sozialen Bezügen gereinigtes Denken mehr geben.

Wer hier deutliche Anklänge an die Ideologietheorie von KARL MARX (1818–1883) heraushört, liegt richtig. Marx hatte gegen Hegel eingewendet: Es sind die Lebensverhältnisse der Menschen, die ihre moralischen, politischen und ästhetischen Ideen bestimmen – und nicht umgekehrt. Das Sein bestimmt das Bewusstsein. Diese Vorstellung entwickelte Marx schon früh. In einer Kampfschrift gegen die zeitgenössische Philosophie schreibt er 1845: »Die Produktion der Ideen, Vorstellungen, des Bewusstseins ist zunächst unmittelbar verflochten in die materielle Tätigkeit und den materiellen Verkehr der Menschen [...]. Das Bewusstsein kann nie etwas Andres sein als das bewusste Sein, und das Sein der Menschen ist ihr wirklicher Lebensprozess. [...] Nicht das Bewusstsein bestimmt das Leben, sondern das Leben bestimmt das Bewusstsein.« (Marx/Engels 2018: 20 ff.)

Im falschen Leben, sprich: im Kapitalismus, herrscht also zwangsläufig ein falsches Bewusstsein. Die Menschen machen sich ein falsches Bild von der Welt, und zwar aufgrund ihrer Klassenlage: Die Armen erklären sich ihre Misere durch Unvermögen oder Gotteswille, die Reichen ihren Erfolg durch Leistung (obwohl sie einfach nur geerbt haben). So produzieren alle, frei nach Marx, gleichermaßen Ideologie. Die Wahrheit ist für jene reserviert, die von außen – also sozusagen kontextfrei – auf die Gesellschaft schauen oder zumindest glauben, dass sie dazu in der Lage seien.

Mannheims Wissenssoziologie geht in zweierlei Hinsicht über Marx hinaus. Erstens, so Mannheim, ist der Mensch in seinem Denken nicht nur durch Klassenzugehörigkeit geprägt, sondern auch durch weitere soziale Faktoren wie zum Beispiel Generationszugehörigkeit, Berufsgruppe, Religion, Geschlecht und Bildungsstand. Zweitens stellt Mannheim nicht nur den politischen Gegner, sondern jede Form des Denkens unter Ideologieverdacht – auch das eigene. Deshalb vermeidet er den abwertenden Begriff der Ideologie und spricht – Achtung: Soziologendeutsch – von der »seinsverbundenen Aspektstruktur eines Denkens« (Mannheim 1995: 229). Soll heißen: Niemand hat den vollständigen Überblick, man kann immer nur Teile des Ganzen erfassen. Schließlich ist jedes Wissen von einem Denkstil getragen, der – wie auch jeder Kunststil – durch offenkundige Eigenheiten und Einseitigkeiten geprägt ist. Eine Ausnahme macht Mannheim nur für die Naturwissenschaften; die hält er per se für objektiv.

Das klingt, alles in allem, nach postmodernem Relativismus: Es gibt kein Wissen, das überlegene Wahrheitsansprüche anmelden darf. Nirgends ein fester Boden. Jede Einsicht immer nur Stückwerk. Wie will diese Wissenssoziologie die Idee der Wahrheit retten? Indem sie die Ideologiehaftigkeit, die Partikularität jedes Wissens, als Normalfall einstuft, als Normalität. Denn das heißt im Umkehrschluss: Seinsverbundenes Denken führt nicht automatisch zu falschem Wissen. Es kann wahr sein, nur ist es nie die ganze Wahrheit. Diese ergibt sich erst durch die Verschmelzung der verschiedenen, konkurrierenden Wissensansprüche zu einer neuen Einheit (Synthese).

Mannheim ist also davon überzeugt, dass sich selbst gegensätzliche Ideologien sinnvoll aufeinander beziehen lassen. Dabei korrigieren sie sich in ihren jeweiligen Übertreibungen gewissermaßen selbst. Man kann dies am Beispiel der Revolution illustrieren: Während der Marxismus – ganz rationalistisch – die Bewegungsgesetze der Geschichte hervorhebt und vor überstürztem Handeln warnt, betont der Faschismus die Bedeutung der spontanen Aktion in der Krisensituation, also das irrationale Moment. Ein realistisches, objektives Bild von den Voraussetzungen für erfolgreiche Revolutionen ergibt sich erst durch die Synthese der beiden gegensätzlichen Ansichten.

Aber was wäre, wenn Ideologien nicht nur gegensätzlich sind, sondern gar keine Berührungspunkte mehr miteinander haben? Woher nimmt Mannheim die Gewissheit, dass eine Synthese immer möglich ist und stets zur Wahrheit führt? Mannheims Antwort lautet – und dabei hat er vor allem die politischen Ideologien seiner Zeit im Blick: weil sich die Denksysteme unterschiedlichen Positionen im gleichen geschichtlichen Prozess verdanken. Sie bringen daher verschiedene Aspekte der gesellschaftlichen Lage zu bestimmten Zeitpunkten zum Ausdruck. Im Rückgriff auf unser Beispiel könnte man sagen: Der irrationale Aktivismus des Faschismus ist eine Reaktion auf enttäuschte Revolutionshoffnungen, die durch die rationale Geschichtskonzeption des Marxismus geschürt wurden. Es gibt also einen inneren Bezug zwischen den Theorien, der eine sinnvolle Synthese ermöglicht. Dieser wird durch die Seinsverbundenheit allen Denkens garantiert.

Der gute Geist der Utopie

Die Ehrenrettung der Ideologie durch die Wissenssoziologie hat einen schönen Nebeneffekt: Es wird der Glaube an die Existenz objektiver Wahrheit gestärkt. Wahrheit ist möglich, so hatten wir gehört, und zwar durch Synthese. Bleibt nur die Frage: Wer ist in der Lage, diese Synthese vorzunehmen? Wer hat die geistige Flexibilität, mit den verschiedenen Ideologien konstruktiv umzugehen? Es kann nur jemand sein, argumentiert Mannheim, der selbst ideologisch nicht festgelegt ist, weil er sozial nicht festgelegt ist. Träger der Synthese müssen also gebildete Leute sein, die jenseits von Schicht und Klasse stehen: »die sozial freischwebende Intelligenz« (Mannheim 1995: 135).

Diese Intelligenz besteht aus höheren Beamten, Journalisten, Ingenieuren, Gelehrten und Angehörigen der freien Berufe – ein buntes Grüppchen also, das durch sein Bildungsniveau und seine geistige Beweglichkeit geeint ist. *Ohne* Bildung bleibt man an die Ideologie gebunden, die der eigenen sozialen Lage entspricht. *Mit* Bildung steht man über den Dingen und kann sich ein objektives Bild machen. Man sieht dann zum Beispiel, dass es nicht nur eine Denkweise gibt, und lernt, die eigene Position zu relativieren. Man entdeckt, dass das Denken der Menschen aus sozialen Gründen beschränkt ist und entwickelt ein tieferes Verständnis für die Logik der Konflikte und die Ursachen des sozialen Unfriedens. Die Krise nach dem Ersten Weltkrieg, so lässt sich also mit Karl Mannheim diagnostizieren, ist nicht zuletzt eine geistige Krise: Sie ergibt sich aus der Verabsolutierung partikularen Wissens.

Mit etwas Mut zum Pathos könnte man sagen: Es sind die Intellektuellen, die die Not der geistigen Krise lindern sollen. In Ansätzen findet sich diese Idee schon bei Mannheims akademischem Lehrer, dem Soziologen ALFRED WEBER (1868–1958). Schon er hatte in Sachen Krisenbewältigung auf die Intellektuellen gesetzt. Allerdings hat die Krise bei ihm ein anderes Gesicht als bei Mannheim. Bei Weber stehen kulturelle, nicht politische Probleme im Vordergrund. Er leidet nicht an der ideologischen Zerrissenheit seiner Zeit, sondern am drohenden Verlust des kritischen Geistes infolge zunehmender Vorherrschaft des Ökonomischen. Was soll man sich darunter vorstellen?

Angesichts der materiellen Not nach dem Krieg, argumentiert Weber (1923), fehlt die Grundlage für ein freies, kritisches Denken. Schließlich lässt sich geistige Unabhängigkeit vor allem durch finanzielle Unabhängigkeit verbürgen. Im 19. Jahrhundert bestand die kritische Intelligenz aus den »Rentenintellektuellen« (Weber), also Gebildeten und Gelehrten, die von ihrem Besitz leben konnten. Diese freien Geister waren durch den Kapitalismus reich geworden und stellten ihr Vermögen oft genug in den Dienst der Kapitalismuskritik. Bekanntestes Beispiel: Friedrich Engels (1820–1895). Der erfolgreiche Textilfabrikant und Sohn aus reichem Hause alimentierte nicht nur seinen besten Freund und Genossen Marx jahrzehntelang, sondern war selbst maßgeblich an der Entwicklung des Marxismus beteiligt.

Diese Rentenintellektuellen hatten durch den Ersten Weltkrieg unvermittelt und dramatisch an Boden verloren. Ihre Vermögen waren kriegsbedingt zusammengeschmolzen, und in ihren herausgehobenen Positionen erhielten sie oft nur eine Ehrengage, weil man davon ausging, dass sie finanziell ohnehin abgesichert waren. Die neuen Intellektuellen – soweit es sie überhaupt gab – waren vom Mäzenatentum der Großindustriellen abhängig. Folge: Die Intellektuellen, schreibt Weber (1923: 23), werden zum »Anhängsel der Wirtschaft«. Welche Chance gibt es in dieser misslichen Situation noch für kritisches, unabhängiges Denken? Wie lässt sich unter dem Diktat der Ökonomie die geistige Freiheit retten?

Webers Empfehlung klingt überraschend: Man muss sich der Wirtschaft unterwerfen, um zu ihr auf Distanz gehen zu können. Im Klartext: Nach dem Ende des Rentenintellektuellen kann nur der »Arbeitsintellektuelle« (Weber) den kritischen Geist retten. Dabei handelt es sich um eine neue Bildungsschicht, die aus der Mittelschicht kommt, also Angehörige praktischer geistiger Berufe (Ingenieure, Ärzte, Rechtsanwälte, Techniker). Diese verfügen sowohl über verwertbare Kenntnisse als auch höhere Bildung. Die Ausübung eines Zweckberufs, der ein ausreichendes Einkommen abwirft, ist also die neue Grundlage des freien

Geistes. Der neue, lohnarbeitsabhängige Intellektuelle lebt sozusagen in innerer Distanz zur bürgerlichen Welt von Geschäft und Profit.

Dass der Geist der Moderne eine ernste Bedrohung für den kühnen, kritischen, hochfliegenden Gedanken sein könnte, war übrigens auch Mannheims Sorge. Sie kommt auf den hinteren Seiten von *Ideologie und Utopie*, seinem Hauptwerk von 1929, zum Ausdruck. Dort widmet er sich der Utopie. In modernen, aufgeklärten Gesellschaften ist diese ähnlich übel beleumdet wie die Ideologie. Schließlich steht die Ideologie für falsches und die Utopie für unbrauchbares Wissen. Mannheim freilich sieht das völlig anders. Für ihn ist die Existenz von Utopien ein Hoffnungsschimmer, weil sie ein allgemeines Unbehagen zum Ausdruck bringen. Utopien stehen dafür, dass man sich von der Zukunft mehr und Besseres erwartet als die endlose Fortsetzung der tristen Gegenwart.

Die Erschöpfung utopischer Energien deutet Mannheim als Ausdruck einer neuen Sachlichkeit, die Coolness ausstrahlt, aber totale Verdinglichung bedeutet. »Das Verschwinden der Utopie«, schreibt Mannheim (1995: 225), »bringt eine statische Sachlichkeit zustande, in der der Mensch selbst zur Sache wird.« Mit der Sachlichkeit triumphiert ein Pragmatismus, der nicht mehr an den großen Fragen der Menschheit, sondern an technischen Detailfragen interessiert ist; der nicht mehr über den Sinn des Ganzen rätseln, sondern die Wirksamkeit sozialtechnologischer Einzelmaßnahmen steigern will. Das Ende der Utopie – in sozialer Hinsicht ist das für Mannheim ein Offenbarungseid: Eine Gesellschaft, die sich viel auf ihre Realitätstüchtigkeit zugutehält, gibt den aufklärerischen

Anspruch auf rationale Gestaltung auf. Dem entspricht auf soziologischer Ebene eine radikale Verabschiedung zeitdiagnostischer Ambitionen.

Die Soziologie der Zukunft, befürchtet Mannheim, wird ihr philosophisches Erbe abschütteln und damit die großen Zusammenhänge aus den Augen verlieren. Sie wird aus ihren haargenauen, kleinschrittigen Analysen – mangels Muts zum großen Wurf – nicht mehr die notwendigen weitreichenden Schlüsse ziehen können. Zu den Schicksalsfragen der Menschheit hat sie dann nichts mehr beizutragen. Letztlich wird die Soziologie die Gesellschaft aus dem Blick verlieren. Eine professionalisierte Soziologie wird dann die Gesellschaft ihrem Selbstlauf überlassen. So wird die Gesellschaft – am Ende eines langen Aufklärungsprozess – wieder zum Schicksal.

Ideologie und Utopie – diese beiden Denkweisen sind gerade in Krisenzeiten sehr lebendig. Wirklich schlimm wäre es um die Gesellschaft jedoch erst dann bestellt, so können wir Mannheim verstehen, wenn beide verschwunden wären. Denn zu diesem Zeitpunkt hätte es jemand geschafft, die eigene Ideologie allen anderen als objektive Wahrheit aufzuzwingen. Dann herrschte wieder – wie in der Vormoderne – ein einheitliches, geschlossenes Weltbild. Offene Konkurrenz zwischen Denksystemen wäre dann genauso ausgeschlossen wie echte Demokratie. Ideologiefreie Gesellschaften sind totalitär.

Zur selben Zeit, als Mannheim die klassenlose Intelligenz als Träger eines besseren, nämlich über allen Parteien und Interessen stehenden Wissens würdigte, stimmte der französische Philosoph Julien Benda (1867–1956) einen ersten Abgesang auf die Intellektuellen an. Was er in den 1920er Jahren beobachtete, war ein unbedingter Wille der Intellektuellen zum klaren politischen Bekenntnis (Benda 1988). Gerade weil sie keiner Klasse angehörten, hatten sie ein ausgeprägtes Bedürfnis, irgendwo dazuzugehören. Dies schürte das Misstrauen der umworbenen Parteien. Von Seiten der Kommunisten kam der Vorwurf, dass die Intellektuellen politisch unzuverlässige Kleinbürger seien, wankelmütig und daher wenig tauglich für den Klassenkampf. Der Faschismus war noch wesentlich rabiater und sah in der Intelligenz einen dekadenten, entwurzelten, also typisch jüdisch-kosmopolitischen Geist am Werk. Das hinderte viele Intellektuelle nicht daran, mit den Siegen Lenins (1917) bzw. Mussolinis (1922) politisch eindeutig Stellung zu beziehen. Das klare politische Bekenntnis galt Benda als Verrat an den universalistischen Werten, die die Intellektuellen repräsentieren sollten.

Nur wenig später, in den 1950er Jahren, im Zuge der Diskussionen um den Aufstieg der Wissensgesellschaft, änderte sich das Bild. Die Intellektuellen erhielten nun Konkurrenz durch die steile Karriere einer neuen Sozialfigur: den Experten. Der US-amerikanische Soziologie Talcott Parsons (1902–1979) wies darauf hin, dass die gesteigerte Nachfrage nach Spezialwissen den Intellektuellen an den Rand drängt. Mit der Herausbildung eigenlogischer Handlungssphären in der modernen Gesellschaft (Wirtschaft, Recht, Politik usw.) steigt die Nachfrage nach funktionsspezifischer Expertise. Damit gerät der Intellektuelle, der große Deutungen liefert, aber wenig Know-how hat, unter Verdacht, nur ein Dilettant zu sein (Parsons 1959).

Verfügen die Experten tatsächlich über ein eindeutig überlegenes Praxis- und Problemlösungswissen, während die Intellektuellen nur verantwortungsbefreite Kritik aus der Vogelperspektive betreiben? Der aus Wien stammende Soziologe ALFRED SCHÜTZ (1899–1959) hat die Figur des Experten aus wissenssoziologischer Perspektive porträtiert. Dabei wird das Wissen des Experten zunächst ganz klassisch über eine Differenzierung von Wissensformen bestimmt. Im Unterschied zum diffusen, nicht-reflektierten Alltagswissen haben wir es beim Experten demnach mit einem »Sonderwissen« zu tun. Schütz (1972: 87) schreibt: »Das Wissen des Experten ist auf ein beschränktes Gebiet begrenzt, aber darin ist es klar und deutlich. Seine Ansichten gründen sich auf gesicherte Behauptungen; seine Urteile sind keine bloße Raterei oder unverbindliche Annahmen.«

Eine kritiklose Idealisierung des Experten kann man Schütz nicht nachsagen. Er sieht ganz deutlich, dass der Experte – trotz »Sonderwissen« – dem »Mann auf der Straße« gar nicht so unähnlich ist. Dies liegt daran, dass beide sich ausschließlich in jenem Relevanzsystem bewegen, das sich ihnen durch die Alltags- bzw. Berufswelt vermittelt. Während allerdings der Laie seinen Relevanzen naiv gegenübersteht, übernimmt sie der Experte aus freier Entscheidung. Schütz' große Sympathie für den dritten Wissenstypus, den »gut informierten Bürger«, erklärt sich aus der Einschätzung, dass dieser durch seinen reflexiven Umgang mit überlieferten Relevanzsystemen besonders befähigt ist, verfestigte Ideologien und Vorurteile aufzubrechen.

Schütz verhandelt also ein demokratietheoretisches Problem als Wissensproblem. Schon die Gründerväter der Vereinigten Staaten hatten die Frage gewälzt, wie sich in der Demokratie eine Tyrannei des *common sense*, der unreflektierten Mehrheitsmeinung, verhindern lasse. In der Figur des aufgeklärten, vielseitig informierten und aufgeschlossenen Aktiv-Bürgers findet Schütz eine Antwort. Nur wenn die Leute in der Lage sind, sich selbständig von der unsichtbaren Autorität des fraglos Gegebenen zu lösen, lässt sich die Demokratie stabilisieren. Das geht aber nur, wenn nicht mehr Halbwissen die Grundlage individueller Entscheidungen darstellt, sondern eine fundierte Meinung, die sich durch Teilnahme am öffentlichen Diskurs bildet.

Am Beispiel von Schütz sehen wir, dass die wissenssoziologische Bestimmung des Experten mit einer Differenzierung von Wissensformen begann. Bald wurde diese Perspektive erweitert. Man erkannte, dass der Expertenstatus auch von einer gelungenen Selbstinszenierung abhängt, sei es durch die Zurschaustellung von Zertifikaten und akademischen Titeln, sei es durch einen entsprechenden Expertenhabitus im persönlichen Gespräch (Pfadenhauer 2003). Außerdem ist der Besitz (oder die Zuschreibung) von Spezialwissen alleine nicht genug; dieses Wissen muss in besonderem Maße praxiswirksam sein. Das heißt, die Erkenntnisse und Deutungen der Experten müssen für andere Akteure orientierungs- und handlungsleitend werden. Einer schönen Formulierung von Hitzler et al. (1994) folgend kann man sagen: Experten verfügen über die »institutionalisierte Kompetenz zur Konstruktion von Wirklichkeit«.

Diese Kompetenz (oder Autorität) der Experten hat in der gesellschaftstheoretischen Debatte zu übertriebenen Hoffnungen und Befürchtungen geführt. In der Debatte um die Wissensgesellschaft dominierte die Erwartung, dass die Macht des Wissens die von Ideologien und Konflikten zerrissene Klassengesellschaft in ruhige, rationale Bahnen lenken würde. In der Technokratie-Debatte hingegen, dem pessimistischen Spiegelbild der Wissensgesellschaft, interpretierte man diese Entwicklung als Bedrohung politischer Entscheidungs- und Autonomiespielräume (Hirschi 2018: 14). Das Ende der Demokratie schien nahe, weil für Teilhabe und Mitbestimmung kein Platz und keine Zeit mehr sein würde, wenn erst einmal alle Gesellschaftsbereiche durch Expertise und Effizienz gesteuert wären. Diese letztere Melodie war vor allem in der deutschsprachigen Soziologie sehr laut vernehmbar. Ihre prominentesten Vertreter kamen aus den Reihen der Kritischen Theorie.

4 Kritische Theorie

Die Kritische Theorie ist in der Soziologie ein weltweit etabliertes Markenzeichen. Es steht für einen Zusammenhang von Linksintellektuellen, die mit ihren Überlegungen zu den Pathologien der Moderne der deutschen Soziologie zu Weltruhm verholfen haben. Mit Hegel, Marx und Freud, ihren theoretischen Kronzeugen, im Gepäck, machte sich ein kleiner Kreis von Geistes- und Sozialwissenschaftlern um den Philosophen Max Horkheimer (1895–1973) in den frühen 1930er Jahren daran, die gesellschaftliche Wirklichkeit in Gedanken zu fassen, und zwar, sehr modern, in interdisziplinärer Zusammenarbeit. Allerdings gab es nie so etwas wie ein kohärentes Arbeitsprogramm, und so stellt die Kritische Theorie auch keine einheitliche Theorie dar. Sie ist eher so etwas wie ein Paradigma, also getragen von einem gemeinsamen Welt- und Wissenschaftsverständnis.

Sein institutionelles Zentrum hatte dieser Kreis im Institut für Sozialforschung, das 1923 in Frankfurt am Main gegründet wurde. Erster Direktor war der aus Wien stammende Austromarxist Carl Grünberg. Horkheimer, der ihm 1931 nachfolgte, holte eine Reihe von Wissenschaftlern ans Institut, deren Namen zu Zeiten der Studentenbewegung einen besonderen Klang annehmen sollten: Theodor W. Adorno (1903–1969), Herbert Marcuse (1898–1979), Erich Fromm (1900–1980) und, am Rande, Walter Benjamin (1892–1940). Obwohl sich alle Institutsmitglieder einem gesellschaftskritischen, eingreifenden Denken verschrieben, war niemand politisch aktiv. Alle kamen aus jüdischen Familien, keiner aus der Arbeiterbewegung (Wiggershaus 1988: 122).

Durch die Machtübernahme der Nationalsozialisten zur Emigration gezwungen, übersiedelte das Institut zunächst nach New York, später gingen Adorno und Horkheimer an die Westküste. Nach ihrer Rückkehr nach Frankfurt im Jahr 1950 begann die Kritische Theorie, verstärkt durch Jürgen Habermas (geb. 1929), eine erhebliche wissenschaftliche und gesellschaftspolitische Resonanz zu entfalten. Im Kontext der 68er-Proteste wurde die »Frankfurter Schule« zu so etwas wie einem soziologischen Exportschlager. Eine ganze Generation rebellierender Studenten, die Stichworte für Kapitalismuskritik jenseits des dogmatischen Marxismus suchte, fand hier Inspiration.

Großen Wert legten Horkheimer & Co. auf das Etikett »Kritische Theorie«; man sprach nicht einfach von Neomarxismus und versuchte generell, sich auf Distanz zum marxistischen Jargon zu halten. Schließlich war der Marxismus bereits damals zu einer Legitimationsideologie verkommen. Was man versuchte, war aber nicht weniger als eine Erneuerung des Marxismus unter den Bedingungen eines verfestigten und zunehmend illiberalen Kapitalismus.

Unkritische Theorie

Die frühe Kritische Theorie begründete sich vor allem programmatisch, und zwar in Abgrenzung von einer unkritischen Theorie, die MAX HORKHEIMER in einem großen Aufsatz von 1937 als »traditionelle« Theorie bezeichnet hat. Wer war damit gemeint? Vor allem der logische Empirismus, wie er insbesondere im Wiener Kreis vertreten wurde, und, etwas später, auch Poppers kritischer Rationalismus. Diese Varianten eines weiterentwickelten Empirismus bezeichneten die Frankfurter meist in polemischer Tönung als Positivismus, wobei sie mit diesem Vorwurf recht großzügig umgingen. Die traditionelle Theorie, so erklärte Horkheimer (2021), zielt im Wesentlichen darauf ab, einen geschlossenen, universellen Erklärungszusammenhang herzustellen, der methodisch ausschließlich auf der empirischen Prüfung von Hypothesen besteht. Beobachtung und Erfahrung sind Ausgangspunkt und gleichzeitig die letzte und höchste Instanz der Bewährung für jede Theorie.

Das Ideal eines solchen Theoriemodells ist die Physik. Im besten Fall hat man hier einige wenige Gesetze, auf die man alle einschlägigen Erfahrungs- und Beobachtungssätze zurückführen kann. Auf diese Weise werden die Einzelereignisse berechenbar. Die Wissenschaft erscheint als ein neutraler Ordnungsapparat. Jedoch: Eine solche positivistische Wissenschaft ist nach Ansicht der Frankfurter gezwungen, das Wirkliche für die Wahrheit zu nehmen. Eine wirksame Gesellschaftskritik kann sich aus einem solchen empiriefixierten Denken nicht ergeben. Eine Theorie aber, die kein vorgängiges normatives Ziel hat, erhält ihre Zielbestimmung aus der herrschenden gesellschaftlichen Ordnung, so der zentrale Vorwurf der Frankfurter an die Wiener.

Viele Vertreter des Wiener Kreises, auch Popper, waren Sozialisten oder Sozialdemokraten. Sie engagierten sich in den Bildungsprogrammen des Roten Wien (1919–34) und verstanden ihre Philosophie ebenfalls durchaus als kritisch, weil sie gegen Vorurteile, Metaphysik und Dogmatismus gerichtet war. Was also ist für die Kritische Theorie so falsch am Positivismus? Wenn wir Horkheimers programmatischem Aufsatz folgen, geht es im Kern um drei Dinge: die Rettung der (philosophischen) Unterscheidung von Wesen und Erscheinung; die Verteidigung normativer Ziele (Gesellschaftsveränderung) sowie die Verteidigung historischen Denkens.

Zum ersten Punkt: Der Positivismus geht dem schönen Schein der Dinge auf den Leim, weil er theorieabstinent ist: Die Tatsachen sollen für sich selbst sprechen. Doch ohne das Wissen ums Ganze, so die Kritische Theorie, kann sich der Sinn einzelner Tatsachen nicht erschließen. Anders gesagt: Für echte Erkenntnis ist die Einsicht in das Wesen der Gesellschaft maßgeblich. Erst dann ist ein wirkliches Verständnis der empirischen Tatsachen möglich – eben weil das Wesen, sprich: der Kapitalismus, von der Hinterbühne aus all das, was sich auf der Vorderbühne der Gesellschaft abspielt, sinnhaft strukturiert. Diese Unterscheidung zwischen Wesen und Erscheinungsebene lehnen die Vertreter des Positivismus als pure Metaphysik ab. »In der Wissenschaft gibt es keine ›Tiefen‹; überall ist Oberfläche«, heißt es in der Programmatik des Wiener Kreises (Verein Ernst Mach 2013: 14). Erkenntnis gibt es nicht durch »Wesensschau«, sondern nur durch Bezug auf das unmittelbar Gegebene.

Der zweite Vorwurf lautet: Das positivistische Denken ist statisch und nimmt auf diese Weise die Dinge als unabänderlich hin. Die Kritische Theorie hingegen erklärt: »Es muß nicht so sein, die Menschen können das Sein ändern, die Umstände dafür sind vorhanden.« (Horkheimer 2021: 57) Deshalb bewertet die Kritische Theorie die positivistische Beschränkung auf das, was der Fall ist, als reaktionären

Tatsachenfetischismus. Der Positivismus hingegen begreift diese Selbstbeschränkung als rationales Gegengift gegen haltlose Spekulationen. Eine sozialistische Erneuerung der Gesellschaft benötigt aus Wiener Perspektive eine rationale Politik auf Grundlage empirischer Forschung – und keine Predigten.

Drittens: Der Popper'schen Falsifikationslogik zufolge sind Theorien immer nur vorläufige Wahrheiten mit (unbekanntem) Ablaufdatum. Um wissenschaftlich genannt zu werden, muss man sie an der Realität messen können. Aber genau die kann für die Kritische Theorie nicht die einzige Messlatte sein – weil es sich um eine »falsche« Wirklichkeit handelt, nämlich eine irrationale Gesellschaft, die von den Launen des Marktes und dem Diktat des Privateigentums bestimmt ist. Eine Falsifizierung mit Hinweis auf die gegenwärtige Realität betrachten die Frankfurter darum als unangemessen, als Ausdruck eines unhistorischen Denkens.

Der verwirrende Kernpunkt des ganzen Streits zwischen Kritischer Theorie und Positivismus lautet letztlich: Wer betreibt jetzt eigentlich Metaphysik, sprich: schlechte Wissenschaft? Die Kritische Theorie, weil sie in ihrem Erkenntnisanspruch über das empirisch Gegebene hinausgreift? Eine Theorie also, die die Gesellschaft in erster Linie verändern und nicht nur beschreiben will, ohne dafür einen klaren normativen Maßstab anzubieten? Oder der Positivismus, der es sich aufgrund seiner Ideale von Logik und Exaktheit verbietet, über das unmittelbar Vorfindliche hinauszudenken? Diese Fragen werden dann noch im Positivismusstreit der 1960erJahre eine Rolle spielen (siehe Kapitel 1).

Kritik der instrumentellen Vernunft

Das einflussreichste Werk der frühen Kritischen Theorie ist die *Dialektik der Aufklärung*. Dieses Buch verfassten MAX HORKHEIMER und THEODOR W. ADORNO gemeinsam im amerikanischen Exil. Es erschien erstmals 1944, entwickelte aber erst mit seiner Neuauflage im Jahr 1969 öffentliche Wirkung. In diesem Buch stellen sich die Autoren die quälende Frage, »warum die Menschheit, anstatt in einen wahrhaft menschlichen Zustand einzutreten, in eine neue Art von Barbarei versinkt« (Horkheimer/Adorno 1988: 1). Warum führen alle Fortschritte im analytischen Denken und in der Beherrschung der Natur nicht zu einer rationalen Gesellschaft, sondern in den vollendeten Irrationalismus? Warum ist die Menschheitsgeschichte kein Höherentwicklungsprozess, wie dies noch Hegel und Marx annahmen, sondern eine Höllenfahrt, die in Extremformen totalitärer Herrschaft endet?

Der Aufstieg des Faschismus, der mit Unterstützung einiger Fraktionen der Arbeiterklasse vonstattengegangen war; der Verrat der sozialistischen Idee durch die blutige Diktatur des Stalinismus; die Integration der gesamten Bevölkerung in die US-amerikanische Konsumgesellschaft und die schöne Welt der kulturindustriellen Bewusstseinsmanipulation Marke Hollywood – das war der zeithistorische Rahmen, in dem Horkheimer und Adorno ihre Zeitdiagnose entwickelten.

Ihre zentrale These lautet: Aufklärung im Sinne der Emanzipation des Menschen durch Wissenschaft und Technik ist ein Projekt, das selbst bei erfolgreicher Realisierung keinen echten Fortschritt bringt – im Gegenteil. Denn im

Zentrum dieses Projekts steht das Ziel der Naturbeherrschung und damit bildet sich ein menschliches Welt- und Selbstverhältnis heraus, in dem jeder und alles zur beliebig manipulierbaren Sache wird. Dem instrumentellen Umgang mit der Natur entspricht auf sozialer Ebene das Fortbestehen bzw. die Verfestigung der Herrschaft von Menschen über Menschen. Im 20. Jahrhundert nimmt diese Herrschaft in Form des Totalitarismus und der industriellen Vernichtung von Menschen ihre extremsten Ausmaße an.

Den Ursprung der instrumentellen Vernunft vermuten Horkheimer und Adorno in der Frühzeit der Menschheitsgeschichte. Schon die ersten Mythen, so ihre Überzeugung, sind eine Frühform der Aufklärung, weil diese den bedrohlichen Zauber der Natur bannen und damit das Naturgeschehen berechenbar machen wollen, wenn auch in unzulänglicher Weise. Bereits mythologische Naturdeutungen beginnen den Menschen aus dem Naturzusammenhang herauszulösen, also den Menschen der Natur als fremd gegenüberzustellen. Spätere, bessere, wissenschaftliche Erklärungsversuche revidieren diese Konzeption nicht, sondern arbeiten sie nur detaillierter aus.

Aus dieser Perspektive erscheint die Menschheitsgeschichte von Anbeginn dazu verurteilt, sich – trotz aller unbezweifelbaren Erkenntniszuwächse – krisenhaft bzw. katastrophal zu entwickeln. Denn noch in jedem wissenschaftlichen Fortschritt steckt der Keim eines Rückschritts, und zwar in Form einer sich verfestigenden, falschen Naturkonzeption. So realisiert sich der Zivilisationsprozess im Wesentlichen als Entfaltung des in der frühen Vergangenheit angelegten Übels – nämlich einer auf Naturbeherrschung zielenden, instrumentellen Vernunft.

Unter dem Begriff der Aufklärung kritisieren Horkheimer und Adorno also nicht (nur) eine spezielle philosophische Tradition, sondern – viel breiter – eine Denkform, die sich auf den scharfen Gegensatz von Objekt und Subjekt stützt, um Natur, Mensch und Gesellschaft in den Griff zu bekommen. Diese Denkform reicht für sie bis in die Frühgeschichte der Menschheit hinein, findet aber eine höhere Entwicklungsstufe erst in der empiristischen Tradition des 18. und 19. Jahrhunderts. Ihre volle Blüte ist mit dem Positivismus des 20. Jahrhunderts erreicht. In den Positivisten finden Adorno und Horkheimer darum ihre wissenschaftlichen Hauptgegner, das hatten wir gehört. Schließlich gipfelt der lange Prozess der Aufklärung im Siegeszug von formaler Logik und exakter Forschung, also bloßer Tatsachenfeststellung. Wirkliche Einsicht in das Wesen der Dinge jedoch wird von dieser Aufklärung als Mythologie denunziert. In ihren Worten: »Die Mythologie selbst hat den endlosen Prozess der Aufklärung ins Spiel gesetzt, in dem mit unausweichlicher Notwendigkeit immer wieder jede bestimmte theoretische Ansicht der vernichtenden Kritik verfällt, nur ein Glaube zu sein, bis selbst noch die Begriffe des Geistes, der Wahrheit, ja der Aufklärung zum animistischen Zauber geworden sind. [...] Wie die Mythen schon Aufklärung vollziehen, so verstrickt Aufklärung mit jedem ihrer Schritte tiefer sich in Mythologie.« (Horkheimer/Adorno 1988: 17 f.)

Die moderne Mythologie besteht für Adorno und Horkheimer im festen Glauben an eine natürliche Ordnung, und das heißt: an die Unüberwindlichkeit von Herrschaft. Denn mit dem Siegeszug der instrumentellen Vernunft übt sich der Mensch in ein Welt- und Selbstverhältnis ein, in dem alles zu einem Projekt der Herrschaft und Unterwerfung wird: die Natur, der Mitmensch, aber auch der Mensch sich selbst (im Sinne einer lustfeindlichen Kontrolle seiner Triebe). Das Verhältnis zwischen den Menschen in der Moderne entspricht demnach dem schon in der Vormoderne wurzelnden gesellschaftlichen Naturverhältnis: Nachdem die Natur zum Objekt geworden ist und der Mensch sich als Subjekt, als Maß aller Dinge begreift, wird schließlich alles zum Objekt; die Menschen begegnen sich selbst und untereinander als Dinge. Herrschaft wird zur Normalität und erscheint als natürlich.

In Summe heißt das: Mit der Unterwerfung der »ersten«, äußeren Natur wird die herrschaftsförmige Gesellschaft zur undurchschauten, »zweiten« Natur. Die Gesellschaft tritt den Menschen, obwohl sie deren Produkt ist, fremd gegenüber – so wie früher die Natur. In der Formulierung von Horkheimer und Adorno: »Jeder Versuch, den Naturzwang zu brechen, indem Natur gebrochen wird, gerät nur um so tiefer in den Naturzwang hinein.« (ebd.: 19) Der Naturzwang – das waren früher einmal die Launen der Natur; heute sind es die Zwänge einer undurchsichtigen Gesellschaft, die weder steuerbar noch verbesserungsfähig erscheint.

Wirkliche Emanzipation ist unmöglich, solange die instrumentelle Vernunft herrscht. Solange Subjekt und Objekt kategorisch getrennt bleiben, solange die Menschen sich nicht als Teil des Naturzusammenhangs begreifen, solange der Mythos der Zahl herrscht und Begriffe wie Geist, Idee oder Wahrheit als bloße Spekulation denunziert werden – so lange bleiben die Menschen fremder Herrschaft unterworfen, weil der Grund aller Herrschaft nicht erkannt ist, eben die Struktur der Aufklärung. Und diese Aufklärung, daran lassen Adorno und Horkheimer keinen Zweifel, ist für sie ein totalitäres Projekt. Die berühmten Sätze lauten: »Was die Menschen von der Natur lernen wollen, ist, sie anzuwenden, um sie und die Menschen vollends zu beherrschen. [...] Was dem Maß von Berechenbarkeit und Nützlichkeit sich nicht fügen will, gilt der Aufklärung für verdächtig. [...] Aufklärung ist totalitär.« (ebd.: 10 ff.)

Mit ihrer Idee, die (instrumentelle) Vernunft als Anfang allen Unglücks abzustempeln, landen die Frankfurter Philosophen bei einer ungeheuer radikalen, aber letztlich auch folgenlosen Gesellschaftskritik. Im Zentrum dieser Kritik steht die Kategorie der Verdinglichung. Schließlich sorgt ein verfehlter Weltzugang dafür, dass dem Menschen buchstäblich alles zum (beherrschbaren) Objekt wird. Eine echte Alternative ist außer Reichweite. Adorno hat es unter dem Stichwort »Mimesis«, also einer gewaltlosen Annäherung an das Andere, versucht, aber ohne großen Erfolg. Erst Habermas wird dann im Rahmen seiner *Theorie kommunikativen Handelns* systematisch daran gehen, das kritische Potenzial der Gesellschaftstheorie zu erneuern, und zwar über eine Differenzierung von Vernunftformen.

(Jenseits der) Technokratie

Die kritische Auseinandersetzung mit Wissenschaft und Technik wurde über die Jahre zu einem Markenzeichen der Kritischen Theorie. Ein erster Impuls kam von HERBERT MARCUSE, der 1933, im Schweizer Exil des Instituts in Genf, zum engeren Horkheimerkreis gestoßen war. Er stellte in einem Aufsatz von 1941 die These auf, dass sich in der Spätmoderne die Ablösung einer individualistischen durch eine technologische Rationalität vollziehe (Marcuse 1979). Die fortgesetzte Technisierung, so lautet die zentrale These, führt – anders als von Marx erwartet – nicht zur Überwindung des Kapitalismus. Sie leitet vielmehr in eine nachliberale Epoche (»Spätkapitalismus«), in der das Denken und Handeln der Menschen der technologischen Rationalität unterworfen sind. Aber was verbirgt sich hinter diesen beiden Rationalitätsformen?

Mit dem Begriff der individualistischen Rationalität umschreibt Marcuse den Frühkapitalismus, also jene Epoche, die sich durch freie Konkurrenz und kreative Einzelunternehmer auszeichnet. Es herrscht der Primat des freien Gedankens und Gewissens. Indem Entscheidungen sich radikal am Eigennutz orientieren, kommt es regelmäßig zur Infragestellung von Überliefertem. Die individualistische Rationalität ist also tendenziell kritisch. Die technologische Rationalität hingegen bezeichnet die Logik des Spätkapitalismus, also der nachliberalen Epoche. Es ist das Zeitalter der Monopolbildung und der Großindustrie. Die alles beherrschenden Prinzipien der Mechanisierung, Effizienz und Standardisierung führen zur Herausbildung einer Massenkultur, eines politischen Kollektivismus und verstärkter Bürokratisierung. Nur jene Individuen gelten als rational, die sich der Logik des »Apparats« (der Organisationen, Konzerne, Maschinen) unterwerfen. Die Herrschaft der Technik führt zum Verschwinden der autonomen Persönlichkeit und zur »Mechanik der Konformität« (Marcuse 1979: 295).

Inwiefern bedroht die Technik die menschliche Autonomie? Marcuse gibt ein schönes Beispiel: Beim Reisen verlassen wir uns auf die Technik, und dies gilt nicht nur im Hinblick auf unser gewähltes Verkehrsmittel. Das gesamte Reiseerlebnis ist technisch präformiert: Straßenkarten strukturieren die Landschaft. Städte, Seen und Gebirge erscheinen als Hindernisse auf unserem Weg zum Ziel. Wenn wir dann an unserem Sehnsuchtsort angelangt sind, zum Beispiel in einem Nationalpark in Kalifornien, werden wir durch Hinweisschilder zu besonders eindrucksvollen Aussichtspunkten gelotst (»Scenic View«). Diese Standardisierung des Landschaftserlebens geschieht im Dienste der Bequemlichkeit, Sicherheit und Effizienz. Ein individuelles Erleben und alternative Sichtweisen sind damit aber weitgehend ausgeschlossen. Die Natur wird aus Perspektive der Technologie entworfen und erlebt. Wer gegen diese Rationalisierung des Naturerlebens aufbegehrt und auf eigene Faust handelt, gilt als komisch, als Kauz.

Gibt es einen Ausweg aus dieser Herrschaft der Technik (»Technokratie«)? Man weiß es nicht. Diese Unklarheit ist dadurch bedingt, dass Marcuses Techniksoziologie auf zwei gegensätzliche Denker baut, auf Marx und Heidegger. Einerseits geht er, Marx folgend, davon aus, dass die Technik neutral ist: Sie wirkt zwar prinzipiell im Dienst der Befreiung, aber auch der Kapitalismus stützt sich auf die Technik. Andererseits interpretiert Marcuse, darin Heidegger folgend, die Technik als ein umfassendes Denk- und Handlungsmuster (»technologische Rationalität«), dessen Leitwerte Effizienz und Standardisierung sind. Dieses technische Denkmuster ist nicht auf die Bereiche von Wissenschaft und Technik beschränkt, sondern durchwirkt alle Lebensbezüge des Menschen und macht ihn letztlich zum Diener der Maschinenlogik. Kurzum: Die Technik (in Gestalt der technischen Rationalität) erscheint als Dämon. In Summe gerät Marcuse damit in einen unauflöslichen Widerspruch: Die Technik erscheint gleichzeitig als neutrales Mittel *und* als nicht-neutraler Zweck.

Aus dieser Sackgasse findet man nur heraus, wenn man den »technischen Geist« nicht zu einer Form subjektloser (und damit unüberwindlicher) Herrschaft verklärt, sondern als ideologischen Effekt mangelnder Infragestellung der Technik versteht. Man kann dann sehen, dass die angebliche Herrschaft der Technik auf technischen Sachzwängen beruht, die sich nur daraus ergeben, dass die Technik politisch außer Streit gestellt wird. Dies ist zwingend notwendig, weil die Politik am Tropf der Technik hängt: Hätte der Wohlfahrtskapitalismus mehr zu bieten als das materielle Fortschrittsprogramm von Wachstum und Wohlstand, könnten Technik und Innovationszwang öffentlichkeitswirksam in Frage gestellt werden. Auf diese Weise würde deutlich werden, dass es immer Alternativen zum technokratischen Weg gibt. Stattdessen aber verlässt sich der Staat auf den technischen Fortschritt und befriedet die Gesellschaft durch erweiterte Konsummöglichkeiten.

So hat – im Anschluss an Marcuse – JÜRGEN HABERMAS in seiner Studie über *Wissenschaft und Technik als »Ideologie«* (1969) argumentiert. Er betreibt damit Technik- und Kapitalismuskritik auf der Höhe seiner Zeit. Die Technik erhält nicht mehr – wie bei Marx – die Rolle, überkommene Produktionsverhältnisse zu sprengen. Habermas nutzt das Technikthema vielmehr, um unzeitgemäße Legitimationsverhältnisse zu problematisieren. Damit entwickelt er eine strikt politische Lesart der Technik: Im politischen Diskurs entscheidet sich, ob Nutzen oder Gefahren der Technik stärker in den Vordergrund treten. Damit verflüchtigt sich die fixe Idee, dass die Technik eine bestimmte Essenz oder Mission habe.

Doch wie kommt Habermas darauf, dass Wissenschaft und Technik, die beiden großen Gegenspieler aller Ideologien, selbst zur Ideologie werden? Seine Antwort, in aller Kürze: Weil im Spätkapitalismus der soziale Fortschritt mit dem technischen Fortschritt gleichgesetzt wird. Das heißt: Fortschritt reduziert sich auf Innovation. Aus dem großen (und großartigen) Anspruch auf Weltverbesserung wird der banale Wunsch nach billigeren Waren. Damit schließt Habermas an Gehlens Techniktheorie an (siehe Kapitel 5), doch gibt er ihr einen kapitalismuskritischen Dreh. Schließlich argumentiert er, dass die Vergötzung der Technik das Werk eines Staates ist, der die Krisen und Verwerfungen des Kapitalismus nur verwaltet, aber nichts grundlegend verändert. So beschränkt sich der Wohlfahrtsstaat darauf, das Wirtschaftswachstum anzukurbeln, den Wohlstand zu sichern und gegen Risiken vorzusorgen. Damit schlägt die Stunde der administrativen Politik. Schließlich werden die Fragen der Risikominimierung und des technischen Funktionierens durch Experten beantwortet; öffentliche Erwägungsprozesse sind nicht erforderlich. So stirbt der Wille der Öffentlichkeit zur politischen Mitbestimmung allmählich ab. Habermas' Warnung lautet: Ein Staat, der zu Legitimationszwecken auf die Perfektionierung der Technik angewiesen ist, trägt zur Aushöhlung der demokratischen Fundamente bei.

Endspiel: System gegen Lebenswelt

In den 1970er Jahren hat Jürgen Habermas daran gearbeitet, das unvollendete Projekt der Kritischen Theorie fortzuführen. Unvollendet war es deshalb geblieben, weil eine uferlos gewordene Vernunftkritik gar keinen normativen Maßstab mehr für eine Gesellschaftstheorie in kritischer Absicht liefern konnte. Wofür konnte man eine Gesellschaft kritisieren, der das Virus der Zweckrationalität zum Verhängnis geworden war? Die »Dialektik der Aufklärung« hatte die Modernisierung als unerbittlichen Siegeszug einer instrumentellen Vernunft dargestellt, der sich auf politischer Ebene als Triumph des Totalitarismus und auf kultureller Ebene als restlose Vereinnahmung durch Konsumismus und Kulturindustrie äußerte. Ein Ausweg aus diesem lähmenden Katastrophenszenario eröffnet sich – Habermas zufolge – nur dann, wenn man einsieht, dass die Moderne keineswegs von einer einzigen Vernunftform beherrscht wird. Nur wer die reale Vielfalt von Vernunftformen anerkennt, kann sehen, dass eine gute Gesellschaft auf einem ausgewogenen Verhältnis verschiedener, widerstreitender Vernunftformen beruht.

Seine *Theorie des kommunikativen Handelns*, die 1981 in zwei Bänden erschienen ist, enthält gleich mehrere soziologische Theorien: a) eine Handlungstheorie, in der Habermas den Begriff des kommunikativen Handelns auf Grundlage einer Typologie von Vernunftformen entwickelt; b) eine Gesellschaftstheorie, in der er ein zweistufiges System der Gesellschaft vorstellt (System und Lebenswelt); c) eine Zeitdiagnose, die das Ungleichgewicht zwischen System und Lebenswelt als Ursache sozialer

Pathologien ausmacht (Kolonialisierung der Lebenswelt). Die gemeinsame Klammer zwischen den drei Theorien bildet Habermas' feste Überzeugung, dass sich eine geglückte, repressionsfreie Vergesellschaftung unbeschädigten Verständigungsverhältnissen verdankt.

Diese Perspektive wird schon in seiner *Handlungstheorie* vorbereitet. Um sich den Stellenwert des kommunikativen Handelns in Habermas' Theorie zu vergegenwärtigen, ist es hilfreich, noch einmal kurz auf die instrumentelle Rationalität zu sprechen zu kommen, von deren Verdammnis durch Horkheimer und Adorno wir ja ausführlich gehört haben. Im Gegensatz zur frühen Kritischen Theorie betont Habermas, dass die instrumentelle Rationalität ihren legitimen Anwendungsbereich hat, etwa in den Naturwissenschaften oder auch in der quantitativen Sozialforschung. In diesen Fällen geht es darum, ob Aussagen über Dinge oder Zusammenhänge empirisch richtig sind. Es werden also Ansprüche auf Wahrheit erhoben, und damit bewegen wir uns in der Welt der Tatsachen, in der objektiven Welt.

Habermas beharrt nun darauf, dass sich nicht nur über die objektive Welt der Tatsachen rational diskutieren lässt, sondern auch über Dinge, die die soziale Welt bzw. unsere subjektive Welt betreffen. Im Alltag reden wir gerne und ausführlich über unsere Erlebnisse und unsere Erwartungen an andere; wir erklären unser soziales Verhalten und unsere Gefühle, und dabei geht es offensichtlich nicht um wissenschaftliche Fakten. Trotzdem sind wir davon überzeugt, dass sich über diese sozialen und subjektiven Dinge vernünftig reden und Einigkeit erzielen lässt. Natürlich bewerten wir Aussagen, die sich auf die subjektive Welt der

Erlebnisse oder auf die soziale Welt der Normen beziehen, nicht nach dem Kriterium der Wahrheit. Aber das heißt nicht, dass es in diesen »weichen« Dingen kein rational motiviertes Einverständnis geben kann. Es heißt nur, dass diese Dinge nach anderen Geltungskriterien bewertet werden müssen. Aber nach welchen?

In der sozialen Welt geht es um den Anspruch auf normative Richtigkeit. In diesem Fall erheben Mitglieder einer sozialen Gruppe den Anspruch, dass ihr Handeln mit Blick auf anerkannte Normen richtig ist; sie orientieren ihr Handeln an gemeinsamen Werten. Wenn wir früher als Jugendliche zu hören bekamen »Fußball im Hof stört die Nachbarn«, dann hätten wir theoretisch eine offene, verständigungsorientierte Diskussion über die (guten?) Gründe für das elterliche Fußballverbot anstoßen können. Was hielt uns davon ab? Wohl unser Gefühl (oder Ärger darüber), dass es sich um eine bloße Konvention handelte. Doch dies belegt Habermas' Vermutung, dass wir auch im Bereich des normenregulierten Handelns rationale Begründungen erwarten.

Wenn wir uns in der subjektiven Welt bewegen, also auf der Ebene der Selbstdarstellung und Selbsterklärungen, erheben wir den Anspruch, dass unsere Aussagen authentisch sind. Schließlich haben wir die Geschehnisse, von denen wir berichten, selbst erlebt oder erlitten. Wir stehen sozusagen mit unserer Person dafür ein, dass die Berichte aus unserem Inneren, die alle anderen nicht unmittelbar nachprüfen können, wahr oder besser gesagt: wahrhaftig sind. In der Umgangssprache offenbaren sich solche Wahrhaftigkeitsbeteuerungen in Floskeln wie »ehrlich!« oder »ich schwör's, Mann«.

Fassen wir zusammen: Die moderne Welt bildet keine Einheit mehr (wie noch die mythische), sondern zerfällt in drei Welten (objektiv, sozial, subjektiv). Aussagen über diese Welten erheben jeweils unterschiedliche Geltungsansprüche (Wahrheit, Richtigkeit, Wahrhaftigkeit). Mit diesen Geltungsansprüchen verbindet sich eine ganze Handlungstypologie (Habermas 1981a: 126 ff.): Das instrumentelle Handeln zielt auf Naturbeherrschung, also die Manipulation von Dingen und Menschen (im letzteren Fall spricht Habermas von strategischem Handeln). Das normenregulierte Handeln zielt auf Konformität, also auf die Aktualisierung eines normativen Einverständnisses. Das dramaturgische (oder expressive) Handeln zielt auf Selbstinszenierung, also auf die überzeugende Darstellung subjektiver Erlebnisse.

Das kommunikative Handeln unterscheidet sich recht grundsätzlich von diesen drei Handlungsformen. Denn beim kommunikativen Handeln geht es nicht um das Verfolgen konkreter Interessen (Naturbeherrschung, Konformität, Selbstdarstellung), sondern um Verständigung, und zwar in recht grundsätzlicher Form, nämlich über die oben genannten Geltungsansprüche. Es geht in diesen Verständigungsprozessen um eine ergebnisoffene Diskussion über Situationsdeutungen und Hintergrundüberzeugungen, in der gleichzeitig immer auch über gültige Normen (wie etwa das Fußballverbot im Hof), Wahrheitsansprüche und Selbstrepräsentationen verhandelt wird. Eine solche Diskussion, die unter idealen Bedingungen, also ohne irgendwelche Einschränkungen und Zwänge stattfindet, nennt Habermas auch Diskurs. Die Teilnehmer eines solchen Diskurses dürfen damit rechnen, widerlegt zu werden und ihre Überzeugungen ändern zu müssen.

Diese Verständigungsprozesse – mit dem Ziel eines rationalen Konsenses – dienen der einvernehmlichen Koordination von Handlungen, also der Sozialintegration. Kommunikatives Handeln ist dabei nicht mit schlichter Übereinstimmung gleichzusetzen, weil diese auch in Form diffuser Gleichgestimmtheit bestehen kann (ebd.: 387). Vielmehr geht es um einen zwanglosen Austausch von Argumenten, der perspektivisch auf die Realisierung einer höheren Einsicht hinausläuft. Eine besondere Bedeutung erhält diese Verständigungsorientierung mit Blick auf Prozesse der Vergesellschaftung. Denn es macht natürlich einen großen Unterschied, ob sozialer Ordnungsaufbau im Modus kooperativen Aushandelns verläuft, also reflexiv und diskursiv, oder vermittels abstrakter, anonymer Systemzwänge. Aber damit sind wir schon bei Habermas' Gesellschaftstheorie.

Die soeben beschriebene Handlungstypologie nimmt Habermas zum Ausgangspunkt seiner *Gesellschaftstheorie*. Genauer gesagt basiert sein Gesellschaftsmodell auf der Gegenüberstellung von instrumentellem und kommunikativem Handeln: Jene Bereiche, die der instrumentellen Logik folgen, nennt er System; die Lebenswelt ist die Domäne kommunikativer Logik. System und Lebenswelt bilden die Gesellschaft (Habermas 1981b: 180).

Die Lebenswelt besteht aus der privaten Lebenswelt (Familie, Nachbarschaft, Vereine) und der Öffentlichkeit (Medien, zivilgesellschaftliche Organisationen). Dies sind die Gesellschaftsbereiche, in denen Handlungskoordination über Werte, Normen und Verständigungsprozesse abläuft. Im Modell der Lebenswelt wird Gesellschaft als Interaktion unter Anwesenden gedacht. Kennzeichen der Lebenswelt sind Konkretheit und intuitive Vertrautheit. Diese Vertrautheit trägt zu ihrer Intransparenz bei. Schließlich ist die Lebenswelt der Bereich des kulturell Selbstverständlichen; sie bildet den Horizont jener fraglos gegebenen Hintergrundüberzeugungen, die dafür sorgen, dass wir alle in »derselben« Welt leben und in ähnlicher Weise auf neue Situationen reagieren.

Für die Reproduktion der Gesellschaft hat die Lebenswelt drei wichtige Funktionen. Erstens versorgt sie auf kultureller Ebene die Gesellschaftsmitglieder mit Orientierungswissen und beugt damit drohendem Sinnverlust vor. Sie sorgt, zweitens, für soziale Integration und schützt damit vor Anomie. Schließlich, drittens, ist sie das Terrain gelingender Sozialisation und Identitätsbildung, was die Gefahr von Persönlichkeitsstörungen verringert. Die Lebenswelt, das ist der Hort des kulturellen Erbes und der sprachbasierten Sozialintegration (ebd.: 179). In der Lebenswelt begegnen sich die Menschen als gleichberechtigte Personen und nicht als Sachen oder Rollenträger. Es ist der Bereich, in dem es nicht um Strategie, Macht oder Erfolg geht, sondern um Respekt, Reflexion und Verständigung.

Das System, das sind die Bereiche von Wirtschaft und bürokratisierter Staatsverwaltung. Die Handlungskoordination erfolgt hier über die Medien von Geld und Macht. Warum »Medien«? Habermas übernimmt diesen Begriff von Parsons und meint damit, dass Handlungen nicht durch wechselseitige Verständigung aufeinander abgestimmt werden, sondern sozusagen automatisch, nämlich durch die Logik systemeigener Medien. In der Wirtschaft ist Geld das zentrale Medium, in der Politik Macht. Beide Medien vollbringen das Wunder, Handlungen (Interaktionen, Austausch- oder Entscheidungsprozesse) wirkungsvoll zu koordinieren, ohne dass sich die Menschen persönlich kennen, gegenseitig vertrauen oder explizit darüber abstimmen müssen (siehe Kapitel 7).

In diesem Sinne sagt Habermas, dass Geld und Macht sprachunabhängige Steuerungsmedien sind. In der medienvermittelten Kommunikation begegnen sich die Menschen als Sachen oder Rollenträger. Gesellschaftliche Integration funktioniert in diesem Fall als Systemintegration: Innerhalb der Subsysteme (sprich: Wirtschaft und Staat) verständigen wir uns nicht über deren (Un-)Logik, sondern folgen ihr einfach. Dies macht die Effizienz und Leistungsfähigkeit dieser Systeme aus. In Systemen sind nicht Menschen miteinander verbunden, sondern Handlungen und Handlungsfolgen. Gesellschaft wird in diesem Fall nach dem Modell einer sich selbst steuernden Maschine gedacht. Kennzeichen des Systems sind Abstraktheit und Undurchschaubarkeit.

Wenn Habermas also davon spricht, dass Gesellschaft aus Lebenswelt und System besteht, dann versucht er die Lebenswelt-Perspektive einer interpretativen Soziologie mit der Systemtheorie zu verbinden. Denn beide soziologischen Traditionen sind für sich genommen einseitig. Mit seiner Verbindung zielt Habermas auf eine neue, einheitliche Großtheorie in kritischer Absicht. Den Maßstab der Kritik gewinnt er aus der Gegenüberstellung von System und Lebenswelt. Mithilfe dieser Unterscheidung kann er zeigen, unter welchen Bedingungen die instrumentelle Rationalität für moderne Gesellschaften eine Bedrohung darstellt. Wie macht er das?

Unter dem Stichwort der »Entkoppelung von System und Lebenswelt« beschreibt Habermas (1981b: 229 ff.) Gesellschaftsentwicklung als stufenweisen Prozess des allmählichen Auseinandertretens von Lebenswelt und System. In einfachen, überschaubaren, nach Familien und Clans strukturierten Gesellschaften sind Gesellschaft und Lebenswelt sozusagen eins, und zwar dank einer gemeinsamen kulturellen Überlieferung, fehlender Klassen- oder Schichtenbildung und nur schwach entwickelter Arbeitsteilung. Aus diesen einfachen werden komplexe, moderne Gesellschaften, in denen spezialisierte Systeme (wie Wirtschaft und Politik) ihrer eigenen, instrumentellen Logik folgen (Gewinne realisieren, Macht sichern) und deshalb der Lebenswelt fremd gegenübertreten.

Diese Entkoppelung von System und Lebenswelt ist noch nicht das Problem. Schließlich haben Systeme ihre Berechtigung, sichern doch Marktwirtschaft und politische Verwaltung Effizienz und Rationalität. Allerdings darf man, argumentiert Habermas, nicht – wie die Systemtheorie – den Fehler machen und die medienvermittelte Vergesellschaftung (Systemintegration) mit der sprachvermittelten Vergesellschaftung (Sozialintegration) gleichsetzen. Ein Maßstab für Gesellschaftskritik ergibt sich erst daraus, dass man beide Vergesellschaftungsformen nicht für austauschbar hält. Erst dann wird man für das Problem sensibel, dass Komplexitätssteigerung, also eine Expansion der Systeme, auf Kosten der Lebenswelt geht. Das ist das große Thema von Habermas' Zeitdiagnose.

Kolonialisierung der Lebenswelt durch die systemische Logik – auf diese berühmte Formel bringt Habermas seine *Zeitdiagnose*: ein Krankheitsbefund. Für Habermas besteht die Pathologie seiner Zeit nicht in der Entkoppelung von System und Lebenswelt, sondern in der Übergriffigkeit des

Systems, also im Eindringen ökonomischer und administrativer Rationalität in den kommunikativ geschützten Bereich der Lebenswelt. »Die These der inneren Kolonialisierung besagt, dass die Subsysteme Wirtschaft und Staat infolge des kapitalistischen Wachstums immer komplexer werden und immer tiefer in die symbolische Reproduktion der Lebenswelt eindringen.« (Habermas 1981b: 539)

Die Kolonialisierung der Lebenswelt, so schließen wir daraus, ist nicht das Resultat einer absichtlich zerstörerischen Strategie einflussreicher Akteure. Sie ist vielmehr eine nicht-intendierte Nebenfolge sozialstaatlicher Unterstützung und Fürsorge. Es ist paradox: Indem der Wohlfahrtsstaat die schlimmsten Auswüchse kapitalistischer Exklusion erfolgreich bekämpft, trägt er zur Bürokratisierung und Verrechtlichung der Lebenswelt und damit letztlich zur Verdinglichung des Menschen bei. In der ökonomischen Sphäre heißt das: Die politische Umverteilung kapitalistisch erzeugten Reichtums führt dazu, dass die Menschen zu passiven Konsumenten degradiert werden. Der Anspruch auf Selbstverwirklichung wird nicht mehr in der Arbeitswelt verfolgt, weil Lebenssinn durch Warenvielfalt und Konsum geschaffen wird.

Anderes Beispiel, die »Therapeutokratie« (ebd.: 533): Sozialarbeiter, Seelsorger und Psychotherapeuten sind im Dienst staatlich organisierter Lebenshilfe aktiv, mit besten Absichten. Doch tragen sie durch ihre vorsorgliche Bewirtschaftung lebensweltlicher Problemlagen dazu bei, dass die Individuen in die Rolle von Klienten hineinrutschen. So werden Menschen zu passiven Objekten sozialstaatlicher Fürsorge und erleben sich nicht mehr als lebendige, gestaltungsfähige Subjekte.

Die Ausdehnung des »monetär-bürokratischen Komplexes« (ebd.: 516) betrifft nicht zuletzt auch das Familienleben. Hier ist im Sinne von Habermas zu befürchten, dass die gemeinsame Verständigung über gutes Zusammenleben durch den Geldmechanismus ersetzt wird. Das heißt dann beispielsweise, dass Kinder durch Geld motiviert werden müssen, mit ihren Geschwistern zu spielen (oder diese auch nur zu respektieren). Familie würde dann wie ein Betrieb funktionieren und die Sozialisation den Regeln einer ökonomischen Logik folgen.

All diese Beispiele (oder Symptome) untermauern Habermas' zentralen Befund: Die instrumentelle Rationalität, die die Systeme von Ökonomie und Staat prägt, dringt in die Lebenswelt ein und gefährdet jene Ressource, die einen humanen Umgang der Menschen miteinander ermöglicht: das kommunikative, verständigungsorientierte Handeln. Die Proteste der 1970er Jahre, die sich gegen Atomkraft, Gentechnik und Naturzerstörung richten, versteht Habermas dementsprechend als einen Aufstand gegen »das System«, also gegen zunehmende Komplexität und instrumentelle Rationalität: Die Ökologiebewegung widersetzt sich den Risiken der Technik, »New Age« und Esoterik der fortschreitenden Rationalisierung, die Selbsthilfebewegung der Klienten-Rolle und die Alternativbewegung (Landkommunen, Hippies, Hausbesetzer) den Zumutungen eines durchadministrierten Lebens. Die verwirrende Vielfalt an sozialen Bewegungen und Protesten wird von Habermas also als Ausdruck für eine neue Sensibilität gelesen, für ein weitverbreitetes Unbehagen an der Verdinglichung des Menschen durch ein übergriffiges System.

Habermas' Theorie ist eine Supertheorie, weil sie einen denkbar umfassenden Anspruch vertritt: Sie enthält eine Handlungstheorie, eine Gesellschaftstheorie und eine Zeitdiagnose. Das alles wird in imaginären (und sehr ausführlichen) Dialogen mit den soziologischen Klassikern entwickelt (Weber, Durkheim, Mead, Parsons, Adorno). Die in verschiedene Paradigmen und Denkstile zerfallende Soziologie will Habermas auf eine einheitliche Theorie umrüsten und damit natürlich auch vereinen (und versöhnen). Das heißt, es geht in dieser Variante Kritischer Theorie um nichts Geringeres als die Begründung eines – oder besser gesagt: des ersten – Paradigmas für die Soziologie. Dieser ambitionierte Versuch war letztlich nicht erfolgreich, weil Habermas' Theorie neben Anerkennung und Bewunderung auch viel Kritik auf sich zog.

Der politischen Linken fiel beispielsweise auf, dass sich mit Habermas der Kapitalismus gar nicht mehr richtig kritisieren ließ. Die Ökonomie erscheint nur noch dann problematisch, wenn ihre Logik in andere, »weiche«, »unschuldige« Gesellschaftsbereiche einwandert und diese in der Folge umprogrammiert. An sich ist die Ökonomie für Habermas aber nichts anderes als ein Subsystem der Gesellschaft, das deswegen so besonders leistungsfähig ist, weil es die ganze Welt nur unter einem Aspekt, nämlich des Geldes bzw. der Rentabilität, betrachtet. Aus dieser Lesart der Ökonomie, die Habermas bei Luhmann gelernt hatte (siehe Kapitel 7), sprach für die politische Linke, die sich stets in Opposition zu den etablierten Institutionen definiert hatte, etwas Neues, Ungewohntes: die Hochachtung vor den Institutionen.

5 Institutionentheorien

Lässt sich alles, was sich in der sozialen Welt abspielt, auf das Denken, Wollen und Handeln der Menschen zurückführen? Anders gefragt: Lässt sich die Logik des sozialen Miteinanders vom Individuum aus verstehen? Die Soziologie ist da insgesamt sehr skeptisch. Naturgemäß, könnte man sagen, bezieht sie doch einen Großteil ihrer Legitimation daraus, die Dinge aus »gesellschaftlicher« Perspektive zu betrachten. Der Begriff der Institution ist daher ein wichtiger Ankerpunkt der Soziologie. Er bezeichnet im Kern die Gewährleistung eines für einen bestimmten Gesellschaftsbereich charakteristischen, also berechenbaren Handelns durch bestimmte Ordnungs- oder Regelsysteme. Institutionen sind überall dort im Spiel, wo Individuen nicht einfach spontan agieren, sondern sich (bewusst oder unbewusst) an bestimmten Erwartungen orientieren.

Die Universität ist ein Beispiel für eine Institution. Als Studierende und Lehrende aktualisieren wir nur einen sehr beschränkten Ausschnitt unseres Verhaltensrepertoires. Schließlich geht es in der Universität um die Produktion oder Vermittlung von neuem oder interessantem Wissen; persönliche Bekenntnisse oder Stimmungsberichte wirken in diesem Kontext deplatziert und müssen, falls sie nicht einfach ignoriert werden können, mühevoll an den akademischen Diskurs angeschlossen werden. Die Universität Wien hingegen, also eine konkrete Universität, ist eine Organisation. Organisationen sind typischerweise hierarchisch strukturiert und haben Mitglieder, die gemeinsam einen bestimmten Zweck verfolgen. Organisationen können aber auch gleichzeitig Institutionen sein. Im Zeitalter weltweit standardisierter Universitätsvergleiche (»Ranking«) ist die im Großraum Boston gelegene Elite-Universität Harvard aufgrund ihrer einzigartigen Reputation zu einem handlungsleitenden Ideal für alle anderen Universitäten geworden – sie ist eine Institution, im sprichwörtlichen Sinne.

Weitere Beispiele für Institutionen sind Ehe, Familie, Kirche, Sprache und Staat, die Arbeitsteilung und die Verkehrsordnung, die Sauna oder Twitter. Institutionen sind praktisch allgegenwärtig. Daraus könnte man schließen, dass das Leben in der spätmodernen Gesellschaft hochgradig reglementiert ist. Mit dem gleichen Recht kann man allerdings auch argumentieren, dass angesichts zunehmender Pluralisierung und Unübersichtlichkeit eine wichtige Orientierungs- und Entlastungswirkung von Institutionen ausgeht. Auf diese Ambivalenz hat die klassische Institutionentheorie mit Nachdruck hingewiesen.

Stabilisierung der Gesellschaft

Eine der einflussreichsten Institutionentheorien stammt von dem Philosophen und Soziologen ARNOLD GEHLEN (1904–1976). Sein Werk stand lange Zeit im Schatten seiner politischen Überzeugungen. Kein Wunder: Gehlen war 1933 in die NSDAP eingetreten, profitierte in seiner Universitätslaufbahn von der »Säuberungspolitik« der Nationalsozialisten und galt als typischer Vertreter jener konformistischen Rechtsintellektuellen, die ihre Karriere in der Adenauer-Ära bruchlos fortsetzen konnten. Innerhalb der deutschen Soziologie ist Gehlen immer umstritten geblieben, ein Nazi-Denker war er gleichwohl nicht. Dagegen sperrten sich seine Begrifflichkeit und Theorieanlage. Seine Institutionentheorie geht von der Überlegung aus, dass der Mensch ein »Mängelwesen« ist – kein sonderlich heroisches Bild.

Der Mensch ist arm an Instinkten. Jedoch besitzt er eine ungeheure Plastizität und Weltoffenheit, einen Antriebsüberschuss, eine große Lernfähigkeit und Erfindungsgabe. Weil der Mensch nicht aus biologischen Gründen auf bestimmte Handlungsprogramme festgelegt ist, droht die Reizüberflutung – im Gegensatz zum Tier, das durch seine Instinkte davor geschützt ist. Der Mensch muss also selbst entscheiden. Und dabei stehen ihm in seiner Weltoffenheit grundsätzlich immer viele Möglichkeiten zur Verfügung – zu viele. Ohne jegliche Leitlinien oder Einschränkungen würde der Mensch durch den alltäglichen Entscheidungsdruck völlig überlastet werden. Ohne jedes »Stabilisierungsgefüge« (Gehlen 2016: 46), also ohne Institutionen, bliebe der Mensch darauf verwiesen, sich die Welt jeden Tag aufs Neue anzuvertrauen und in rastloser Suche sich in seine Rollen hineinzufinden.

Institutionen bringen also einerseits Begrenzungen und Handlungseinschränkungen mit sich. Andererseits jedoch bedeuten sie auch eine große Entlastung. Denn in einer Welt der Institutionen sind wir nicht gezwungen, in steter Unmittelbarkeit zu leben und in jeder Situation immer wieder neu auszuhandeln, wer wem was zu sagen hat, wie man zueinander steht und auf welcher Basis man zusammenarbeitet. Wenn nichts (mehr) selbstverständlich ist, sind wir gezwungen, die Welt jeden Tag neu zu erfinden. Vor dieser Überlastung schützen uns die Institutionen.

Diesen produktiven Charakter der Institutionen, nämlich ihre Macht, soziales Handeln effektiv und berechenbar zu machen und damit Erwartungssicherheiten zu schaffen, übersehen all jene romantischen Strömungen (von Rousseau bis Latour), die leichten Herzens die geltende Ordnung aufheben wollen.

Auch viele politische Erneuerungsbewegungen hatten moralisch hochwertige Ziele (Freiheit, Gleichheit, Brüderlichkeit) und waren davon überzeugt, dass das Paradies auf Erden möglich und machbar ist. Doch alle Versuche der unmittelbaren Umsetzung haben sich destruktiv ausgewirkt. Die Französische Revolution endete im Jakobinerterror, die Russische im Stalinismus. Wer Freiheit unmittelbar leben will, wird »nach einem rätselhaften Verhängnis«, wie Gehlen (1978: 378) schreibt, »der Schrittmacher der Guillotine.« Schutz vor der Haltlosigkeit eines rein affektiven Handelns bieten die Institutionen. Sie kühlen den durch Erlösungsphantasien überhitzten Erneuerungseifer etwas herunter und bringen schließlich den Protest auf die Betriebstemperatur der alten Ordnung. Aus Sicht der politischen Revolutionäre hilft dagegen nur der (rasche) Marsch durch die Institutionen oder – besser noch – deren Zerstörung.

Jeglichen revolutionären Bestrebungen steht Gehlen darum sehr distanziert gegenüber. Bringen sie doch in Gefahr, was Kultur möglich macht und den Menschen vor den Zumutungen einer komplexen Umwelt schützt. Schließlich wirken Institutionen – erstens – handlungsentlastend und darum quasi energiesparend. Weil sie den Menschen mit Algorithmen für automatisiertes Handeln in (fast) allen Lebenslagen ausstatten, kann sich der Mensch höheren

Dingen widmen. Institutionen sind also – zweitens – die Grundlage der Kultur. Das heißt gerade nicht, dass frühere Kulturen keine Institutionen gehabt hätten, im Gegenteil. Der fraglosen Geltung von Regeln, Riten und Traditionen in vormodernen Kulturen, die ein hohes Maß an Stabilität und Berechenbarkeit garantierten, trauert Gehlen gerade nach. Denn in der Moderne lauert das Chaos, der Kampf der Kulturen, und zwar infolge des Wertepluralismus und der Aufwertung menschlicher Spontaneität. Im Zerfall der Institutionen tritt der unzivilisierte Mensch mit all seinen Affekten und ungezügelten Leidenschaften, aber auch mit all seiner Angst und Verunsicherung in Erscheinung.

Institutionen schaffen – drittens – Sicherheit. Institutionen wie Ehe, Familie oder Arbeitsteilung vermitteln dem Menschen, diesem chronisch bedürftigen Wesen, die Gewissheit, dass seine Bedürfnisse im Prinzip erfüllt werden *könnten*. Diese virtuelle Erfüllung nennt Gehlen (2016: 55) »Hintergrundserfüllung«. Eine ständige und unmittelbare Bedürfnisbefriedigung ist nicht lebbar, jedenfalls nicht ab einer gewissen Kulturstufe der Menschheitsentwicklung. Weil es Institutionen gibt, darf der Mensch auf Bedürfniserfüllung vertrauen, ohne sich dies ständig vergegenwärtigen zu müssen.

In Summe machen Institutionen also menschliches Handeln berechenbar; sie zivilisieren den Menschen und stabilisieren die Gesellschaft. Deswegen schreibt Gehlen (ebd.: 20): »eine Gesellschaft stabilisieren heißt, sie auf dauernde Institutionen bringen.« Das heißt nicht, dass Institutionen selbst nicht historisch und kulturell wandelbar wären. Institutionen können unterschiedlich »gelebt« werden. Der aktuelle Zustand der Demokratie in Europa bietet dafür ein gutes Beispiel. Konstatiert wird eine schleichende Erosion der Demokratie: Orbáns Ungarn, Polen unter dem Diktat der Partei Kaczyńskis oder die Türkei unter Erdoğan zeigen, dass in den Kulissen einer liberalen Demokratie ein ganz anderes Spiel gespielt werden kann. Diese Regime repräsentieren neue Formen einer illiberalen Demokratie, in der politische Freiheitsrechte durch den Mehrheitswillen eingeschränkt werden.

Freiheit durch Entfremdung

Institutionen repräsentieren in Idealform das, was die Soziologie »soziale Tatsachen« nennt. Damit meint sie Dinge, die – obzwar vom Menschen selbst geschaffen – uns als Symbol einer höheren Ordnung und darum autoritativ entgegentreten. PETER L. BERGER (1929–2017) und THOMAS LUCKMANN (1927–2016) haben in ihrer berühmten Schrift über *Die gesellschaftliche Konstruktion der Wirklichkeit* gezeigt, wie ein ursprünglich menschliches Produkt – etwa die Lebensform der Familie – durch Wiederholung und Tradierung im Laufe der Zeit als eine über-menschliche, natürliche Ordnung wahrgenommen wird. Der Mensch, mit anderen Worten, erlebt die von ihm selbst geschaffene, aber in Form von Institutionen objektivierte Ordnung als ein Faktum. »Die Institutionen«, schreiben Berger und Luckmann (1980: 64), »stehen den Individuen als objektive Faktizitäten unabweisbar gegenüber. Sie sind *da*, außerhalb der Person, und beharren in ihrer Wirklichkeit, ob wir sie leiden mögen oder nicht.« Die Institutionen, so formulieren sie an anderer Stelle, scheinen »mit der Natur zu verschmelzen«

(ebd.: 97). Im Ergebnis erscheint dem Menschen die Welt der Institutionen als Notwendigkeit und Schicksal.

Adorno, ein zentraler Vertreter der Kritischen Theorie (siehe Kapitel 4), hat Institutionen deshalb als »geronnenes Handeln« bezeichnet, als etwas, »was dem unmittelbaren gesellschaftlichen Handeln gegenüber sich verselbständigt hat« (Adorno 1993: 178). Die aus dem Denken und Handeln der Menschen hervorgehenden Institutionen, so formuliert es Gehlen (2016: 7), verselbständigen sich ihnen gegenüber »zu einer Macht, die ihre eigenen Gesetze wiederum bis in ihr Herz hinein geltend macht.«

Die Institutionen sind also das Ergebnis einer Verdinglichung, die deren Konstruktionscharakter verschleiert. Auf diese Weise erhalten Institutionen den Charakter von Tatsachen. Nur nebenbei: Auch die Idee der Tatsache ist eine Institution, ein Ergebnis von Verdinglichungsprozessen. Schließlich fallen Tatsachen nicht vom Himmel, sondern müssen in einem mühsamen Plausibilisierungsprozess, also durch Experimente, Substanzen und Forscherallianzen »wahr« gemacht werden (siehe Kapitel 8). Eben: Tatsachen sind Tat-Sachen, also etwas, was hergestellt werden muss. Wenn jedoch Tatsachen erfolgreich in der Welt platziert worden sind, steuern sie unser Denken und Deuten. Nach der Entdeckung des Sars-CoV-2-Virus gibt es dann zum Beispiel keinen Grund mehr, tiefgründig über die Ursache von Covid-19 zu sinnieren. In diesem Sinne umschreibt der Begriff der Tatsache jene kognitive Infrastruktur, die unhinterfragt bleiben muss, um unserem Erleben und Verstehen ein festes Fundament zu verleihen.

Institutionen, um das noch einmal zu betonen, sind vom Menschen selbst produzierte Regeln und Normen, die sich verselbständigen und ihm schließlich als fremd und autoritativ gegenübertreten. Gehlens Pointe lautet nun: Nur indem sich der Mensch den Institutionen frag- und klaglos unterwirft, erringt er seine Freiheit – und nicht durch kritische Hinterfragung oder gar Zerstörung der Institutionen! Schließlich erzeugt das Ausleben unmittelbarer Subjektivität Gehlen zufolge Chaos und Anomie. Im besseren Fall also dient der Mensch den Institutionen wie übermächtigen Göttern. Denn genau in der Unterwerfung unter die Institutionen liegt die Freiheitschance des Menschen, gewähren sie doch ein Leben in stabilen, berechenbaren Verhältnissen. Die Idee einer unmittelbaren Selbstverwirklichung hingegen führt nicht zu einer Verwirklichung der wahrhaft menschlichen Potenziale (höhere Kultur), sondern in die Barbarei. Gehlens Credo lautet deshalb: Der Mensch kann nur über den Umweg der Institution zu sich selbst bzw. zu einem lebenswerten Leben finden. »Die Institutionen sind die großen bewahrenden und verzehrenden, uns weit überdauernden Ordnungen und Verhängnisse, in die die Menschen sich sehenden Auges hineinbegeben, mit einer für den, der wagt, vielleicht höheren Art von Freiheit als der, die in ›Selbstbetätigung‹ bestünde [...].« (Gehlen 1983: 379)

Wirkliche Freiheit, so Gehlens Pointe, stellt sich also nur über den Umweg der Entfremdung her. Beispiel Liebe: Für eine erfüllende, bereichernde Beziehung ist Leidenschaft alleine zu wenig. Die Beziehung braucht institutionelle Formen (eheliche Treue, Vertrauen), sonst hat sie keine Dauer und keinen Ertrag (Familie). Das Liebesverhältnis »muss sich objektivieren, versachlichen, aus der Ausschließlichkeit dieser einzelnen heraus verallgemeinern, mit einem Worte: zur Institution (der Ehe) entfremden, gerade wenn diese Menschen sich nicht gegenseitig verlieren und fremd werden sollen« (ebd.: 378).

Mit Aufklärung und kultureller Moderne beginnt für Gehlen eine Epoche der Dekadenz, in der die Individuen – unter dem Einfluss verantwortungsloser Intellektueller – anfangen, Forderungen an die Gesellschaft zu stellen und glauben, mit den geltenden Regeln, Gewohnheiten und Traditionen ihr Spiel treiben zu können. Aber eine »Kultur der Subjektivität« (Gehlen 2016: 23), also eine Kultur, die anstelle der Institutionen auf die Unmittelbarkeit menschlicher Impulse und improvisierter Gestaltung setzt, trägt nicht. Wenn die Institutionen abbröckeln, ist die Ordnung in Gefahr. Nur sie jedoch garantiert Sicherheit, Entlastung und zivilisatorische Standards. Wir dürfen daraus den etwas paradoxen Schluss ziehen: Wirklich frei sind wir nur, wenn wir die natürliche Autorität der Institutionen akzeptieren.

Warum Fortschritt Angst macht

Dass selbst der konservative Gehlen seine Probleme mit Institutionen hat, wird in seiner Techniksoziologie deutlich. Dort beschreibt er nämlich die Institutionalisierung des Fortschritts als zentrales Problem spätmoderner Gesellschaften. Wenn technischer Fortschritt erst einmal den Stellenwert eines unumstößlichen Gebots erhalten hat (und zwar weil technischer mit sozialem Fortschritt gleichgesetzt wird), reduzieren sich die Freiheitsgrade in der menschlichen Geschichte auf null. Eine höhere Kulturstufe gerät damit außer Sicht. So argumentiert Gehlen in seinem berühmten Essay über *Die Seele im technischen Zeitalter*, der erstmals 1957 erschienen ist.

Aber der Reihe nach: Obwohl in den 1950er Jahren die Technokratie-These gerade große Mode ist (siehe Kapitel 4), begreift Gehlen die Technik nicht als Dämon, sondern schlicht als kulturschaffendes Werkzeug. Schließlich unterscheidet erst der Gebrauch von Werkzeugen den Menschen vom Affen. Und: Wichtige Kulturstufen der Menschheit sind über die Beherrschung bestimmter Techniken definiert. Wir sprechen etwa von der Steinzeit, der Eisen- oder Bronzezeit. Bedeutende Kulturleistungen basieren auf der Vervollkommnung der Technik. Der Welthandel kann sich erst mit der Eroberung der Weltmeere entwickeln, und dafür sind präzises Kartenmaterial und exakte Kompasstechnik notwendig. Die großen Seefahrerländer wie die Niederlande, Spanien oder England sind gleichzeitig die führenden Händler- und Kulturnationen.

Aber worin besteht dann das Problem mit der Technik? Gehlens Antwort lautet sinngemäß: Die Technik wird in dem Augenblick problematisch, wo sie zur materiellen Stütze einer Gesellschaft wird, die sich dem Dogma von Wachstum, Fortschritt und Optionensteigerung verschrieben hat (Gehlen 2007). In dem Augenblick, wo sich technischer Fortschritt nicht mehr diskontinuierlich und zufällig durch die Erfindungen genialer Bastler ereignet (wie noch im 18. Jahrhundert), sondern durch die zunehmende Verschmelzung von Wissenschaft, Technik und Industrie (ab Mitte des 19. Jahrhunderts) gleichsam planmäßig ins Werk gesetzt wird, kommt die Gesellschaftsgeschichte an ein Ende. Denn infolge der Institutionalisierung des Fortschritts gibt es für die Gesellschaft keine grundsätzlichen Alternativen mehr. Die Zukunft erscheint vielmehr wie eine endlos verlängerte Gegenwart.

Getragen ist diese Gesellschaftsdiagnose ganz offensichtlich vom Glauben an einen automatisierten und daher nicht zu stoppenden Fortschritt, ein Glaube, der uns heute, angesichts von Klima-, Energie- und vielen anderen Krisen fremd geworden ist. Der Dichter Gottfried Benn hat diese religiös anmutende Fortschrittsgewissheit schon Mitte der 1950er Jahre – mit deutlich ironischer Färbung – so beschrieben: »Also heute leben die Arbeiter wie die Reichen vor drei Jahrhunderten, und in drei Jahrhunderten wird wieder das gleiche Verhältnis sein und immer so fort, und immer geht es weiter hinan und empor mit Menschheitsdämmerungen und Morgenröten [...], die Armen wollen rauf, und die Reichen wollen nicht herunter, das alles ist doch schon gar nicht mehr individuell erlebbar, das ist doch ein funktioneller Prozess der Tatsache der menschlichen Gesellschaft.« (Benn 2019: 128)

Das zentrale Credo der modernen Gesellschaft lautet: Technischer Fortschritt = Wirtschaftswachstum = Wohlstand für alle = sozialer Friede. Dieses Erfolgsrezept der Industriemoderne macht grundsätzliche gesellschaftliche Veränderungen ziemlich unwahrscheinlich. Wer wollte es wagen, sozialen Fortschritt und Zusammenhalt zu gefährden? So tritt die Gesellschaft letztlich auf der Stelle – allen rastlosen Aktivitäten der Menschen, aller Dynamik und Innovation zum Trotz. Die Gesellschaft der Gegenwart repräsentiert darum, wie der an Hegel geschulte Gehlen formuliert, nicht weniger als das Ende der Geschichte. Das heißt, die technisch-industrielle Zivilisation ist von ewiger Dauer, ganz anders als vergangene Hochkulturen. Das Römische Reich zum Beispiel durchlief mehrere Phasen: Reifezeit, Hochblüte und Verfall.

Die moderne Gesellschaft hingegen, glaubt Gehlen, hat kein Verfallsdatum. Sie ist absolut stabil, aufgrund ihrer leistungsfähigen Wirtschaft und Verwaltung, aber auch aufgrund einer zunehmenden Uniformität unter den Menschen. Im Wohlfahrtskapitalismus gleichen sich die Lebensbedingungen der Menschen immer stärker an, aber auch ihre Ansichten, Interessen und Werte. Durch internationale Solidarität werden diese Werte exportiert und das westliche Fortschrittsprojekt globalisiert. Gleichzeitig setzt sich im Zuge dieses institutionalisierten Dauerfortschritts eine Tendenz zur Rationalisierung, Entsinnlichung, Abstraktifizierung durch. Die Welt wird zunehmend unanschaulich und undurchdringlich; wir sind nicht länger in der Lage, sie uns durch eigene Anschauung anzueignen. Der Mensch, dessen Emanzipation der institutionalisierte Fortschritt eigentlich dienen sollte, wird an den Rand gedrängt. In der wissenschaftlich-technischen Zivilisation erfährt der moderne Mensch eine eigenartige Marginalität.

Dass Fortschritt Angst machen kann, liegt also auf der Hand. Bei Gehlen dominiert die Befürchtung, dass der entfesselte Fortschritt eigentlich zu einem gesellschaftlichen Stillstand führt. Das heißt letztlich: Die Technik erscheint als Bedrohung der Kultur. Eine philosophische Deutung dieser kulturkritischen Lesart hat der Philosoph Hans Blumenberg (1920–1996) vorgelegt. Er argumentiert, dass »bloßer« Fortschritt ohne geschichtsphilosophisch garantierte Erlösungsperspektive zwangsläufig Unbehagen auslösen muss. Denn nach dem Ende der Geschichtsphilosophie hat der Fortschritt keine bestimmbare Richtung und kein Ziel mehr, er wird zum Selbstzweck. Die Vorstellung von einem Ruhepunkt, auf den der Fortschritt (über Umwege) zuläuft, geht damit verloren. Fortschritt erscheint als »entfesselt«, beschleunigt, selbstläufig und letztlich sinnlos (Blumenberg 2015). Schließlich gibt es im Geschichtsverlauf keinen Punkt mehr, von dem aus der Erfolg des bisherigen Fortschrittsprozesses gemessen werden könnte. In der modernen Gesellschaft wird der Fortschritt zum Prinzip. Die logische Folge: Fortschrittskritik artikuliert sich in kulturpessimistischer Weise als Forderung nach einem Ausstieg aus dem Fortschritt bzw. als Klage über die Entkopplung zwischen technischem und kulturellem bzw. moralischem Fortschritt.

Der neue Institutionalismus

In jüngerer Zeit hat sich das alte Interesse der Soziologie an den Institutionen erneuert. Zentraler Schrittmacher dafür war die US-amerikanische Organisationsforschung. Sie nämlich begann in den 1970er Jahren, verstärkt der Beziehung von Organisationen und Institutionen nachzugehen (Hasse/Krücken 2005). Warum? Einerseits dominierten damals ökonomistische Perspektiven, die die Organisation als zweckrational gesteuerte Einheit, quasi als Maschine, zeichneten, und damit zu eng ansetzten. Andererseits hatte die frühe Organisationssoziologie der 1950er und 60er Jahre die Kluft zwischen formaler und informeller Ebene in Organisationen sichtbar gemacht. Das heißt, man stellte auf Basis empirischer Untersuchungen fest, dass in Organisationen – dem Musterbild rationaler Ordnung – tagtäglich Regeln gebrochen, Entscheidungen nicht umgesetzt oder Kontrollversuche unterlaufen werden (Senge 2011). Die Realität der Organisation wich offensichtlich vom Ideal eines reibungslos ablaufenden Räderwerks deutlich ab. Der Neo-Institutionalismus reagiert auf diese Diskrepanz und versucht diese anhand eines komplexeren Bildes von Organisationen zu erklären. Im Mittelpunkt dieses neuen Bildes stehen die Institutionen, genauer gesagt: der institutionelle Kontext, in den Organisationen notwendigerweise eingebunden sind.

Man muss gleich vorweg dazu sagen: Der Neo-Institutionalismus wird in den Lehrbüchern zwar als wichtige Variante einer soziologischen Organisationstheorie geführt, doch so etwas wie eine einheitliche Theorie oder ein verbindliches Forschungsprogramm gibt es gar nicht. Beim Neo-Institutionalismus handelt es sich vielmehr, so könnte man wohl sagen, um ein Paradigma (siehe Kapitel 1). Vermittelt wird vor allem ein neues Bild auf Organisationen. Die Organisation wird nicht als Maschine verstanden, also nicht als eine bürokratisch verfasste, autonom agierende, effizienzgetriebene, in sich abgeschlossene Einheit. Ein solches Bild ist vor allem durch Max Weber beeinflusst, der die zunehmende Organisiertheit des sozialen Lebens als Vorgeschmack auf ein bürokratisches Regime verstand, das unentrinnbare Macht über die Gesellschaft gewinnt. Organisationen werden im Neo-Institutionalismus vielmehr als offene Systeme verstanden, die maßgeblich durch ihre sozio-kulturellen Umwelten beeinflusst sind. Die Organisation erscheint gewissermaßen als Produkt ihres spezifischen sozio-kulturellen Kontexts. Dieser Kontext wirkt in

Form von Normen, Gesetzen, Werten, Denkmustern, Verhaltensweisen, Wissensformen etc.

Wir lernen daraus: Organisationen werden permanent durch institutionelle Rahmenbedingungen beeinflusst und geprägt (und gleichzeitig bestätigen und verändern sie durch ihre Aktivitäten auch diese Institutionen). Organisationen handeln also gar nicht unbedingt ziel- oder marktorientiert, sondern orientieren sich am gesellschaftlich Erwünschten. Dazu ein Beispiel: In einer Gesellschaft, in der Wissenschaft und Expertentum hohes Prestige genießen, ist es für Organisationen angeraten, die Dienstleistungen großer Beratungsfirmen in Anspruch zu nehmen. Damit lässt sich der Anspruch unterstreichen, eine wissensbasierte, rationale Organisation zu sein. Ob die Empfehlungen oder Anweisungen der externen Berater intern dann tatsächlich berücksichtigt werden, ist fast schon egal. In der Folge entwickelt sich die Unternehmensberatung zu einem höchst lukrativen Geschäftszweig; ob Organisationen deshalb insgesamt rationaler agieren, bleibt vorerst einmal offen.

Wie wirken nun Institutionen auf Organisationen ein? Diese Frage haben die Soziologen JOHN W. MEYER (geb. 1935) und BRIAN ROWAN in einem berühmten Artikel aufgegriffen, der einen zentralen Ausgangspunkt des neuen Institutionalismus darstellt (Meyer/Rowan 1977). Darin argumentieren sie, dass der Erfolg von Organisationen in erster Linie von ihrer institutionellen Anpassungsfähigkeit abhängt und nicht von der effektiven Koordination und Kontrolle der produktiven Aktivitäten. Das heißt, erfolgreiche Organisationen passen sich in ihren Formalstrukturen an ihre institutionellen Rahmenbedingungen an, und zwar in erster Linie deshalb, um Legitimation nach außen aufzubauen, also um das Überleben der Organisation zu sichern. Man hält zum Beispiel den Wert des Umweltschutzes hoch oder verlässt sich auf Technologien und Methoden, die als Quelle der Effizienz gelten, damit die Organisation auf diese Weise als modern, rational oder umweltbewusst erscheint. Was intern, also innerhalb der Organisation passiert, ist eine ganz andere Sache. Das heißt, zum Schutz der Organisation bzw. zum Nachweis ihrer Leistungsfähigkeit werden »Legitimationsfassaden« und »Rationalitätsmythen« aufgebaut. Die formalen Strukturen der Organisation spiegeln in erster Linie die Erwartungshaltung der institutionellen Umwelt wider und nicht die Erfordernisse der Alltagsroutinen – manchmal gerät die Übernahme institutioneller Relevanzen sogar in Konflikt mit dem Anspruch der Effizienz.

Die beiden US-amerikanischen Organisationssoziologen PAUL DIMAGGIO (geb. 1951) und WALTER W. POWELL (geb. 1951) haben an diese Perspektive angeschlossen und ihrerseits die Idee einer »institutionellen Isomorphie« von Organisationen stark gemacht (DiMaggio/Powell 1983). Gemeint ist damit, dass die Organisationen einander zu gleichen beginnen, sofern sie denselben Umweltbedingungen ausgesetzt sind, eben weil sie sich an ihr institutionelles Umfeld anpassen. Diese Anpassung wird auf verschiedene Weise erzwungen. Erstens passiert dies durch den Zwang staatlicher Anordnungen und kultureller Erwartungen. Um beispielsweise den Anforderungen des Klimaschutzes zu entsprechen, müssen Unternehmen bestimmte Geschäftsfelder aufgeben und neue Technologien einführen. Oder: Um dem Vorwurf der Diskriminierung zu entgehen, werden Gleichstellungsbeauftragte installiert. Zweitens erfolgt die Anpassung an das institutionelle Umfeld durch die Imitation anderer (erfolgreicher) Organisationen (die ja ebenfalls zum institutionellen Umfeld zählen). Dieses Nachahmungsverhalten wird insbesondere unter den Bedingungen von Unsicherheit wirksam, also wenn die Ziele unklar sind oder die normativen Ansprüche seitens der Zivilgesellschaft uneindeutig sind. Drittens ist die wachsende Bedeutung von Professionen in Organisationen für diese Anpassungsprozesse zentral. Professionen sind durch ein hohes Maß an Autonomie (also die Möglichkeit, Bedingungen und Methoden ihrer Tätigkeit selbst zu bestimmen) sowie ein kollektives Berufsethos charakterisiert. Professionsangehörige vertreten bestimmte Denkstile und Normen, die im Zuge der universitären Ausbildung angeeignet werden und für das Berufsfeld universell gültig sind. Mit der Professionalisierung kommt es zu einer Angleichung der Organisationen, weil sich gleichlautende Normansprüche etablieren, denen alle Organisationen innerhalb eines Feldes folgen. Dies macht nebenbei auch deutlich, dass Professionsangehörige letztlich austauschbar sind.

Aus neo-institutionalistischer Perspektive geht es also weniger darum, die Vielfalt der Organisationen zu erklären; verwundert zeigt man sich vielmehr über deren erstaunliche Homogenität. Dieser Homogenisierungszwang entsteht dann, wenn sich erst einmal ein organisationales Feld etabliert hat. Mit organisationalem Feld ist die Summe organisierter Akteure gemeint, also Gewerkschaften, Verbände oder auch andere Organisationen, die ähnliche Produkte und Dienstleistungen anbieten oder ähnliche Probleme bearbeiten und sich damit an denselben Normen, Werten und Organisationsidealen ausrichten. So kommt es, dass die bestehenden wie die neu hinzukommenden Organisationen sich an einem dominanten Organisationsmodell ausrichten. Auf diese Weise erscheint der Strukturwandel von Organisationen nicht nur als »Theater« oder Legitimationsfassade, sondern bezieht sich auch auf organisationale Praktiken, also auf das »Innenleben« der Organisation.

Wir sehen: Auch wenn in der Soziologie heute ganz selbstverständlich von neuem Institutionalismus (oder Neo-Institutionalismus) die Rede ist, so darf man sich darunter keine neuartige, einheitliche Institutionentheorie (etwa in Konkurrenz zu Gehlen) vorstellen. Das Interesse dieses breiten Forschungsfeldes – das von der Organisations-, über die Bildungs- bis hin zur Management-Forschung reicht – ist auch nicht primär darauf gerichtet, die Entwicklung neuer oder den Wandel bestehender Institutionen zu analysieren. Im Vordergrund steht vielmehr das Bemühen, den Stellenwert von Institutionen für das Funktionieren und den Wandel von Organisationen deutlich zu machen, seien es Schulen, Krankenhäuser oder Firmen.

Der neue Institutionalismus arbeitet daran, die Mythen der modernen Gesellschaft zu entkräften, und zu diesen Mythen gehört eben auch – und ganz zentral – die feste Vorstellung, dass die hochgradige Organisiertheit des gesellschaftlichen Lebens das typisch moderne Effizienzideal verkörpert. Doch die moderne Gesellschaft, so lehrt uns der Neo-Institutionalismus, ist weniger rational als sie glaubt. Mit dieser Einschätzung schlägt der Neo-Institutionalismus die Brücke zu einer weitverzweigten Debatte, in deren Mittelpunkt die Frage steht, wie modern die Moderne überhaupt ist und was Modernität heute noch heißen kann. Die Antworten darauf bilden in ihrer Vielfalt und Gegensätzlichkeit einen traditionsreichen Theoriebereich: das Feld der Modernisierungstheorien.

6 Modernisierungstheorien

Wer heute in der Soziologie von der Moderne spricht, hat einen schweren Stand. Denn für viele klingt der Begriff der Moderne ideologisch. Schließlich haben sich Europa und Nordamerika aufgrund ihrer Ideen und Institutionen (Menschenrechte, Marktwirtschaft, Demokratie) immer als idealtypische Verkörperung der Moderne verstanden. Daraus ergab sich ein klarer Entwicklungsbefehl an die Adresse nicht-westlicher Gesellschaften: Diese sollten sich am Westen orientieren und schleunigst den Weg aus der Vormoderne antreten. Wer dementsprechend Europa als Geburtsstätte revolutionärer Gedanken und Technologien feiert, als Hort von Emanzipation und Aufklärung, eben als Ursprung der Neuzeit, sieht sich schnell einem harten Vorwurf ausgesetzt: Eurozentrismus.

Genauso wie der Begriff der Moderne sind auch Modernisierungstheorien umstritten. Ihre Blütezeit erlebte die Modernisierungstheorie in den 1950er und 60er Jahren, in einer Ära, als die Weltmacht USA mit großangelegten Hilfsprogrammen versuchte, ihr polit-ökonomisches Modell in die Entwicklungsländer zu exportieren. Doch der Glanz des Westens verblasste Ende der 1960er Jahre, im Zuge verstärkter Kapitalismus- und Imperialismuskritik, allmählich. Außerdem verlor die typisch geschichtsphilosophische Vorstellung, dass Modernisierung ein geradliniger, unumkehrbarer Prozess ist, der zwangsläufig ins (kapitalistisch-demokratische) Paradies auf Erden führt, bald an Überzeugungskraft. Der Blick nach Japan, China oder in die Türkei zeigte, dass es unterschiedliche Pfade in die Moderne gibt und dass die Moderne offenbar ganz unterschiedliche Gesichter tragen kann.

Anfang der 1990er Jahre erhielt die Modernisierungstheorie dann neuen Schwung, und zwar unter völlig veränderten Vorzeichen. Eine Reihe von Krisen und Katastrophen – von der ökologischen Krise über die Risiken der Atomkraft bis zum Aufleben fundamentalistischer und extremistischer Bewegungen – hatten die Schattenseiten der Moderne ins Licht gerückt. Die neuen Modernisierungstheorien interessierten sich darum für die unerwünschten Nebenfolgen, die sich für moderne Gesellschaften aus dem traditionellen Modernisierungsrezept ergaben. Man versuchte das Erbe der Moderne zu retten, indem man die verdrängten Traditionen der Moderne offenlegte (Naturausbeutung, Nationalismus, Patriarchat) und zur Diskussion über Alternativen einlud. Diese Selbstkritik der Moderne war ein deutlicher Perspektivenwechsel gegenüber der klassischen Modernisierungstheorie. Doch zunächst: Was genau zeichnet diese klassische Modernisierungstheorie aus?

Die klassische Modernisierungstheorie

Das soziologische Interesse für den Prozess der Modernisierung ist schon älteren Datums, auch wenn die Gründerväter der Soziologie diesen Begriff kaum verwenden. Doch schlüsseln sie in ihren entwicklungsgeschichtlichen Modellen sozialen Wandels letztlich die Logik der Modernisierung auf. Max Weber (1864–1920), wahrscheinlich *der* Klassiker der Soziologie, ist aufgrund seines Interesses, warum die Modernisierung ihren Ausgangspunkt ausgerechnet im Westen genommen hat, ein wichtiger Vorläufer der Modernisierungstheorie. Seine These, wonach die okzidentale Rationalisierung als Entzauberung der Welt zu verstehen sei, in der sich unser durch Sachlichkeit, Abstraktheit und Distanz geprägtes Verhältnis zu den Menschen und Dingen durchsetze, ist bis heute aktuell geblieben. Émile Durkheim hat die Frage in den Vordergrund gestellt, wie sich im Kontext von Individualisierung und Kapitalismus überhaupt noch so etwas wie Gemeinsamkeit bewahren lässt. Ihm zufolge stellt sich sozialer Zusammenhalt in der Moderne nicht mehr über Ähnlichkeit (Herkunft), sondern über Differenz (Arbeitsteilung) her (Durkheim 1992). In ähnlicher Weise buchstabierte Ferdinand Tönnies (1855–1936) den schroffen Gegensatz von (organisch-harmonischer) Gemeinschaft und (abstrakt-mechanischer) Gesellschaft auch evolutionstheoretisch aus: Modernisierung erschien dementsprechend als Verlust an Nähe und Natürlichkeit, als Durchsetzung der Herrschaft von Geld, Zweckdenken und rationalem Kalkül (Tönnies 2005). Das ständige Rechnen und Berechnen hat dann Georg Simmel ausdrücklich als Geist der Moderne charakterisiert. Selbst mit Menschen rechnet man »wie mit Zahlen«, schreibt Simmel (2006: 13).

Die klassische Modernisierungstheorie nahm für ihre Unterscheidung zwischen Tradition und Moderne Anleihen bei TALCOTT PARSONS, dem einflussreichsten Soziologen in den ersten Jahrzehnten nach dem Zweiten Weltkrieg. Parsons hatte die eben erwähnten Dichotomien der Klassiker als Startpunkt für eine umfassende, über Max Weber hinausreichende, Handlungstypologie genutzt. Das Gesamtspektrum sozialen Handelns stellte Parsons anhand eines dichotomen Schemas von fünf Wertorientierungen, den sogenannten »Mustervariablen« (*pattern variables*), dar (Parsons/Shils 1976: 77). Demnach kann jedes Handeln entweder gefühls- oder sachbetont, partikularistisch oder universalistisch sein; es kann an Eigen- oder Kollektivinteressen, an Äußerlichkeiten (z. B. Aussehen des Anderen) oder Wesentlichem (z. B. dessen Leistung) orientiert sein, und schließlich kann sich das Handeln auf eine konkrete Aufgabe beziehen oder ein diffuses Funktionsspektrum abdecken.

Die klassische Modernisierungstheorie unterfütterte ihre scharfe Entgegensetzung von Tradition und Moderne mit Parsons Mustervariablen. Sie ging davon aus, dass traditionale Gesellschaften durch gefühlsbetonte, partikularistische und funktional diffuse Einstellungen charakterisiert seien; moderne Industriegesellschaften hingegen durch Sachlichkeit, Universalismus und eine differenzierte Rollenstruktur bzw. Spezialisierung (vgl. Levy 1952). Spezialisierung meint dabei nicht, dass die Industrialisierung automatisch für qualifizierte Jobs sorgt, im Gegenteil. Wohl aber steigt die Bedeutung von Kompetenzunterschieden. Die Leistungsfähigkeit industrieller Produktion erfordert die Konzentration auf einen sehr stark eingegrenzten Aufgabenbereich.

Neben dieser schematischen Abgrenzung zwischen Tradition und Moderne weist die klassische Modernisierungstheorie eine Reihe weiterer Gemeinsamkeiten auf (vgl. Knöbl 2001: 32 f.). In konzeptioneller Hinsicht wurde Modernisierung als globaler, geradliniger Prozess mit Fortschrittsgarantie und eingebautem Happy End verstanden. Die Länder der Dritten Welt, so die Erwartung, würden sich zwangsläufig an das westliche Modell angleichen. In theoriepolitischer Hinsicht ging es um den Entwurf einer

Makrotheorie sozialen Wandels, die historisch-vergleichend die Höherentwicklung von Gesellschaften analysieren konnte, ohne auf marxistisches Denken zurückzugreifen. In politisch-strategischer Hinsicht zielte die Modernisierungstheorie auf ein tieferes Verständnis für die Hürden, die der Modernisierung in anderen Weltregionen im Wege standen. Schließlich kämpfte die US-amerikanische Regierung damals gegen die Attraktivität des Kommunismus und versuchte die Entwicklungsländer durch großangelegte Unterstützungsprogramme auf die Bahn der westlichen Moderne zu bringen.

Dieser politische Anwendungsnutzen trug zum Reiz der Modernisierungstheorie bei und erklärte das neu erwachte Interesse für bislang von der Soziologie übersehene Weltregionen. So studierte man die Industrialisierungsprozesse in Japan und China, analysierte das Entwicklungspotenzial afrikanischer Staaten oder auch die Länder des Nahen Ostens. Aus der vergleichenden Analyse versuchte man die Logik der Modernisierung aufzuschlüsseln, also deren Antriebs- und Bremskräfte zu identifizieren.

Ein eindrucksvolles Beispiel für diese Forschungstradition ist die Studie des US-amerikanischen Soziologen DANIEL LERNER (1917–1980). Anhand der Analyse von sechs Ländern aus dem Nahen Osten (Türkei, Libanon, Ägypten, Syrien, Jordanien, Iran) entwickelt er die These, dass erfolgreiche Modernisierung vor allem auf der Fähigkeit der Menschen zur Empathie beruhe (Lerner 1958). Das klingt eigenartig, weil wir Empathie mit Einfühlungsvermögen übersetzen und darunter ein besonderes Interesse an anderen Menschen verstehen. Doch Lerner justiert diesen Begriff etwas anders. Was ist damit gemeint?

Mit dem Begriff der Empathie umschreibt Lerner eine psychische Disposition, die er als typisch für die Moderne erachtet. Es ist die Aufgeschlossenheit für andere Menschen und insgesamt für das Neue, Fremde, Ungewohnte. Daraus erwächst ein Lebensstil, der sich durch Neugier, Aktiv-Sein und Teilnahme am öffentlichen Leben auszeichnet. Dieser Lebensstil ist Grundlage für das, was die Moderne auszeichnet, nämlich einen raschen sozialen Wandel, der keiner Revolution mehr bedarf. Schließlich wird dieser soziale Wandel durch Menschen vorangetrieben, die sich für die öffentlichen Angelegenheiten interessieren und engagieren. Das heißt, Empathie ist letztlich die Grundlage einer partizipativen, modernen Gesellschaft: Nur wer sich für die Welt »da draußen« interessiert, entwickelt auch eine Meinung zu Dingen, die nicht vor der Haustüre liegen – und hält die eigene Meinung auch für mitteilungs- und verteidigungswürdig.

Die Bedeutung der Empathie für den Prozess der Modernisierung lässt sich historisch herleiten: Am Beginn der Moderne steht der Aufbruch ins Unbekannte, symbolisiert durch Kolumbus. Dieses Aus- und Aufbrechen aus dem Gewohnten wird später, mit der Besiedlung Amerikas durch Europäer, zum Massenschicksal. Die geographische Mobilität verstärkt die psychische Mobilität: Um neue, ungewohnte Situationen und Erfahrungen verarbeiten zu können, bedarf es der Empathie. Denn nur indem man das Fremde als etwas Eigenes begreift, kann man es sich produktiv aneignen. Die Erfahrung des Fremden, das auf diese Weise nicht mehr fremd ist, entfremdet von althergebrachten Traditionen und schafft Distanz zur eigenen Geschichte und Herkunft. Man lernt am eigenen Leib, dass Geschichte gestaltbar ist, dass es sich lohnt, Neues zu probieren, etwas zu riskieren und sich für Dinge zu interessieren, die jenseits von Familie und Nachbarschaft liegen.

Den eigenen Horizont überschreiten – das ist das Gebot der Moderne, und wer diese Erfahrung nicht im leibhaftigen Sinne macht, dem wird diese Erfahrung bald durch die Medien vermittelt. Im Zeitalter der Massenmedien wird das Leben der Anderen in Romanen, Hörspielen und TV-Serien aufbereitet; man erlebt das (vormals) fremde Universum auf der eigenen Couch und ist dabei gezwungen, die neuen Eindrücke kontemplativ, also ohne körperliches Agieren, zu verarbeiten. Das heißt, die Massenmedien leiten zu einer disziplinierten, kontrollierten Auseinandersetzung mit dem Anderen, Fremden, Ungewohnten an, in der natürlich auch die eigenen Maßstäbe und Überzeugungen zur Disposition stehen. So tragen die Massenmedien ganz entscheidend zu einer Versachlichung oder Intellektualisierung der sozialen Beziehungen bei. Kurz gesagt: Die Massenmedien treiben den Menschen in die Moderne.

Aber nicht nur das. Massenmedien sind nicht nur Motor der Modernisierung; sie sind auch ein Anzeichen dafür, dass die Menschen in der Moderne angekommen sind. Denn der Medienkonsum zeugt von einer allgemeinen Neugier auf die Welt. Und diese Neugier, diese Vorstellungskraft, diese Bereitschaft zur Veränderung ist Grundlage für alles, was moderne Gesellschaften ausmacht – Teilhabe, Gestaltungswille, Demokratie. Ohne Massenmedien, heißt es darum bei Lerner (1958: 55), kann die moderne Gesellschaft nicht funktionieren. Denn nur eine vielfältige Medienlandschaft garantiert ein lebendiges, wandlungsfähiges, demokratisches Gemeinwesen. Auf eine Kurzformel gebracht: Modernität ergibt sich aus einem aktiven, partizipativen Lebensstil, und dieser Lebensstil schöpft seine Energie aus der Empathie.

Lerners Argumentation macht beispielhaft die Faszination der klassischen Modernisierungstheorie greifbar, aber auch deren Grenzen. Ein geschichtsphilosophischer Optimismus durchweht diese Theorie; Modernisierung erscheint als unumkehrbarer Prozess, in dem sämtliche Traditionsbestände wie in einem Säurebad vollständig zersetzt werden. Die moderne Industriegesellschaft – das war in dieser Theorie eine homogene, normativ integrierte, nahezu konfliktfreie Gesellschaft.

Die dunkle Seite der Moderne kam nicht zur Sprache, und das heißt mit Blick auf die USA der damaligen Zeit: ein alltäglich erfahrbarer Rassismus, die hysterische Kommunistenjagd in der Ära des berüchtigten Senators McCarthy und bald auch der Vietnamkrieg. Die verschärfte Wahrnehmung der gesellschaftlichen Widersprüche durch die Ende der 1960er Jahre auflebenden Protestbewegungen hat sicher zum Ende der klassischen Modernisierungstheorie beigetragen, genauso wie der zeitgleiche Aufstieg des Marxismus in den Sozialwissenschaften.

Der israelische Soziologe SHMUEL N. EISENSTADT (1923–2010) hat die klassische Modernisierungstheorie vor allem für ihre Konvergenzthese kritisiert: Weil das Projekt der Moderne zuerst in Europa in Angriff genommen wurde, schlussfolgerte man zu Unrecht, dass Europa ein Monopol auf Modernität habe und das europäische Modell von allen Gesellschaften, die sich modernisierten, bruchlos übernommen würde. Nach dieser Logik müsste es bald in der ganzen Welt wie in Europa aussehen.

Eisenstadt hielt dagegen, dass das europäische Modell der Moderne von anderen Ländern nicht einfach kopiert, sondern ganz unterschiedlich angeeignet wird. So kennen manche asiatischen Länder zum Beispiel keine öffentliche Sphäre vom Typ Zivilgesellschaft; in den USA fehlt seit jeher ein Protest, der die Radikalisierung der Moderne betreibt (Sozialismus), und in hinduistisch geprägten Regionen hat sich die westliche Fortschrittsideologie nicht durchgesetzt. Das heißt, abhängig von historischen Traditionen werden institutionelle und kulturelle Akzente anders gesetzt. All dies resultiert in einer »Vielfalt der Moderne« (Eisenstadt 2000).

Reflexive Modernisierung

Die Moderne kann nicht nur länderspezifisch variieren, sie kann sich auch grundlegend wandeln. Das heißt, der Modernisierungsprozess kann sich auf eine Weise radikalisieren, dass die Selbstverständlichkeiten der Moderne, ihre Ideen, Ideologien und Institutionen in Frage gestellt werden. So unterläuft zum Beispiel die Globalisierung die Logik des Nationalstaats; die Frauenemanzipation trägt zur Auflösung von Patriarchat und Kleinfamilie bei, und die ökologischen Probleme stellen den modernen Fortschrittsoptimismus in Frage. In Summe heißt das: Die Basisinstitutionen der Moderne werden aufgelöst und umgebaut, die Moderne wird modernisiert. Modernisierung bedeutet folglich nicht länger: Überwindung der Tradition. Es wird vielmehr deutlich, dass die Industriemoderne selbst eine Art Tradition ist. Denn diese (nationalstaatlich verfasste, patriarchale, fortschritts- und industriegläubige) Moderne ist keineswegs so modern, wie sie selbst immer glaubte.

Das ist die Basismelodie der Theorie reflexiver Modernisierung (Beck et al. 1996). Diese Theorie rief in den 1990er Jahren intensive Diskussionen in der Soziologie hervor, und das verdankte sich nicht zuletzt ihrer Raffinesse. Denn Modernisierung vollzieht sich nach dieser Theorie nicht mehr als ein bewusster Prozess, der von bestimmten Akteuren (z. B. Eliten oder Protestbewegungen) vorangetrieben wird. Modernisierung wird vielmehr durch jene Nebenfolgen angetrieben oder erzwungen, die im Modernisierungsprozess unabsichtlich erzeugt werden. Bestes Beispiel: der Klimawandel. Die industriemoderne Produktions- und Lebensweise führt zur globalen Erwärmung und damit zu Problemen, die ein schlichtes »Weiter so!« fraglich erscheinen lassen. Erforderlich scheint vielmehr ein grundlegender Kurswechsel, eben eine Modernisierung dieser (»ersten«) Moderne. Ob allerdings diese reflexive Modernisierung auch wirklich zu einer besseren (»zweiten«) Moderne führt, ist offen. Die Gesellschaft könnte auch die Risiken des Klimawandels leugnen, an traditionellen Rollenbildern festhalten oder sich nach außen abschotten. Es gibt keine Garantie auf ein glückliches Ende der Geschichte.

Der Soziologe ULRICH BECK (1944–2015) hatte diese Argumentation in Grundzügen bereits in seinem berühmten Buch über die *Risikogesellschaft* entwickelt (Beck 1986). Darin brachte er eine allgemeine Angst vor atomaren Unfällen (Tschernobyl), vor Ökokatastrophen (Waldsterben) und Risikotechnologien (Gentechnik) erfolgreich auf den Begriff. Das klassische Modell der Moderne, so argumentierte Beck, basierte auf einer einfachen Formel, nämlich mehr Wohlstand durch mehr Wachstum und Naturbeherrschung zu schaffen. Dieses Modell führt im Zuge seiner *erfolgreichen* Realisierung zu neuartigen, globalen Risiken, die das Modernisierungsmodell insgesamt in Frage stellen. Becks Diagnose war eindeutig: Die Entfesselung von Technik und Industrie verwandelt die Klassengesellschaft in eine Gefahrengemeinschaft. Die Modernisierung führt also nicht in das von der Aufklärung versprochene Paradies auf Erden, sondern zu einer unvermuteten Rückkehr der Natur, und zwar in Form von selbstgeschaffenen Krisen und Katastrophen. Der klassische Modernisierungspfad erweist sich als Holzweg.

Der oft übersehene Untertitel der *Risikogesellschaft* lautet: »Auf dem Weg in eine andere Moderne«. Das war schwer zu verstehen, wenn man nicht ein bisschen mit der klassischen Modernisierungstheorie vertraut war. Die »andere« Moderne, das war für Beck ein neues Zeitalter, in das die Industriegesellschaften unabsichtlich hineinschlitterten, weil sie blind waren für die Nebenfolgen ihres Fortschrittsrezepts. Nicht die unvollkommene, sondern die perfektionierte Naturbeherrschung führt zu Risiken und Gefahren, die – weil sie offensichtlich selbstgemacht sind – die Geschäftsgrundlage moderner Gesellschaften in Frage stellen. Damit steht zur Disposition, wie wir leben, arbeiten und wirtschaften wollen. Die öffentliche Thematisierung dieser Risiken durch die Ökologiebewegung kündet also vom Anbruch einer neuen Ära, nämlich der Risikomoderne. Letztlich kommt es zu einem Bruch *innerhalb* der Moderne, zu einem Epochenbruch, und natürlich ist Beck immer gefragt worden, wann genau sich dieser Epochenbruch denn ereigne.

Andere Sozialtheoretiker haben sich nicht die Last aufgeladen, diesen Zeitpunkt zu bestimmen. Der britische Soziologe ANTHONY GIDDENS (geb. 1938), der eine Zeitlang Becks Theorieprojekt unterstützte, betont in seiner Modernisierungstheorie die Turbulenzen, in die die Moderne aufgrund ihrer Entwicklungsdynamik gerät. Globalisierung und die Durchdringung vieler Gesellschaftsbereiche mit Expertenwissen führen zu einem beschleunigten und radikalisierten sozialen Wandel, der große Annehmlichkeiten, aber auch viele Unsicherheiten und Überforderungen mit sich bringt (Giddens 1995). Das Institutionensystem der Moderne bleibt für Giddens freilich stabil, und deshalb versucht er nicht, verschiedene Phasen der Moderne voneinander abzugrenzen. Es geht ihm vielmehr um die Konsequenzen einer globalisierten, beschleunigten, vernetzten Gesellschaft für unser Handeln und Erleben. Angesichts der Unübersichtlichkeit der Welt betont er dabei die überragende Bedeutung des Vertrauens. Jedenfalls spricht Giddens nicht von einer zweiten oder anderen Moderne, sondern von Spätmoderne.

Aber damit sind wir schon mitten im Kleingedruckten. Die Stärke der Theorie reflexiver Modernisierung liegt nicht in ihrer Systematik oder Begriffsschärfe, sondern in der Sensibilisierung für neuartige Problemzusammenhänge und Gestaltungsmöglichkeiten. Diese Theorie hat zu einer gründlichen Modernisierung der Soziologie beigetragen, weil sie Phänomenen oder Konzepten wie Risiko, Ungewissheit und Nichtwissen einen neuen Stellenwert verliehen hat. Sie hat die Soziologie aufgefordert, ihren Kategorienapparat zu erneuern, um den tiefgreifenden sozialen Wandel überhaupt wahrnehmen zu können. Sie hat gezeigt, dass eine durch Globalisierung, Individualisierung und Digitalisierung entfesselte Welt Turbulenzen erzeugt, die gesellschaftlich als Kontroll- und Orientierungsverlust erlebt werden. Die traditionelle Soziologie war auf diese Turbulenzen keineswegs vorbereitet.

Postmoderne

Maximale Distanz zur Postmoderne: Das war Ulrich Beck mindestens genauso wichtig wie die Abgrenzung zur klassischen Modernisierungstheorie. Reflexive Modernisierung heißt nicht, so betont er wiederholt, dass wir in einem Stadium jenseits der Moderne – eben in der Postmoderne – angekommen sind. Es bedeutet vielmehr, dass sich ein institutioneller und kategorialer Umbau im Rahmen der Moderne abspielt. Das Projekt der Moderne ist noch unvollendet, und das heißt, dass es deren Freiheits- und Glücksversprechen es erst noch einlösen gilt. Aber widerspricht dies den Ansichten der Postmoderne?

Das Problem ist, dass die Postmoderne bei Beck nur als Karikatur auftaucht. Vom Ende der Geschichte und der großen Erzählungen ist die Rede, aber nicht viel mehr. Doch was genau ist die Postmoderne? Schwer zu sagen, aber uns allen fallen sicher weitere Schlagworte ein, die nie fehlen, wenn es um die Postmoderne geht: Pluralismus der Kulturen, Ideologien und Lebensformen; Kritik des Ethnozentrismus; Relativismus und radikale Vernunftkritik; Abkehr vom Fortschrittsdenken. Was postmodernes Denken auszeichnet, lässt sich vielleicht besser ergründen, wenn wir dessen Impulsen für die soziologische Modernisierungstheorie nachspüren. Dies führt uns zum polnisch-britischen Soziologen ZYGMUNT BAUMAN (1925–2017).

Bauman hat in seinem Werk die Schattenseite der Moderne radikal ausgeleuchtet. Dabei ist der Ausgangspunkt seiner Kritik nicht die Öko-Problematik, sondern der Holocaust (Bauman 1995). Die Vernichtung der Juden begreift er als extremste Konsequenz einer Begierde, die die Moderne wie kein Zeitalter zuvor antreibt, nämlich planmäßig Transparenz und Ordnung zu schaffen. Ordnungsstiftung und Vernichtungslager – wie passt das zusammen?

Die Moderne, argumentiert Bauman, sieht die Welt wie einen riesigen Aktenschrank: Alle Elemente müssen dort fein säuberlich voneinander getrennt einsortiert werden. Die Welt erhält auf diese Weise Struktur und Ordnung, und der Mensch Überblick und Verfügungsgewalt über die Dinge. Sofern Elemente sich nicht einer einzigen Klasse zuordnen lassen, sondern mehreren (oder gar keiner), entsteht das Problem der Mehrdeutigkeit. Diese Ambivalenz wird zum Ausgangspunkt weiterer, verstärkter Ordnungsbemühungen. Die Suche (oder Sucht) nach Ordnung erklärt sich aus der Angst vor dem Mehrdeutigen, Unberechenbaren, Unentscheidbaren.

Der moderne Staat ist die Kerninstitution für die planmäßige Herstellung von Ordnung. Er stellt sich die Aufgabe, Fremdes und Eigenes zu unterscheiden und das Richtige vom Falschen zu trennen. Wer nicht in die herrschende Ordnung passt, wer nicht einwandfrei klassifiziert und in der Folge assimiliert und akkulturiert werden kann, muss ausgelöscht werden. Der Vernichtungsfeldzug des Nationalsozialismus erscheint auf diese Weise als Kehrseite des modernen Ordnungszwangs. Denn Juden, aber auch Roma und Sinti, entsprechen nicht den Kriterien einer »rassenreinen« Volksgemeinschaft.

Die Fabrikation des Holocaust aus dem Geist der Moderne – das ist Baumans zentrale These. Der Holocaust ist nicht das ganz Andere der Moderne, das Vormoderne, Irrationale, Exotische. Er ist vielmehr die radikalste Konsequenz staatlicher Kontroll- und Sortierungsmacht, die vom Unbehagen an der Ambivalenz angetrieben wird. Um die typisch moderne Vision einer rational geplanten, kontrollierten, homogenen Gesellschaft zu verwirklichen, operiert der Staat, sagt Bauman (1995: 43 f.), wie ein Gärtner: Er klassifiziert das ganze Grün und sortiert die ihm Unterworfenen in Nutzpflanzen und Unkraut.

Die Sortierungskriterien liefert die Wissenschaft, in früher Zeit die Philosophie, am Vorabend des Nationalsozialismus dann die Rassenhygiene. Die Emanzipationsidee der Aufklärung verkommt in diesem Prozess zum biopolitischen Projekt der Moderne. Auf dem Programm steht nicht mehr die geistig-moralische Vervollkommnung, sondern die eugenische Höherzüchtung der Menschheit. Die Aufklärung hat allerdings ihren Anteil daran. Denn sie führt vor, dass alles, was ist, sich über die Abgrenzung von seinem Gegenteil definiert: So entsteht mit der Idee der Norm die Devianz; die Vernunft begründet sich in Abgrenzung zum Wahnsinn; Gesundheit definiert sich als Gegenstück zur Krankheit, das Weibliche als Gegenteil des Männlichen. Das heißt, das Mittel, mit dem der Mensch seine Emanzipation betreibt, führt zur Etablierung einer Ordnung, die sich gegen all jene richtet, die als das Andere, Fremde, Minderwertige etikettiert werden.

Aber wie gesagt: Der Holocaust ist nur der Extremfall

der modernen, mörderischen Ordnungspolitik. Der Stalinismus wäre ein weiteres historisches Beispiel, aber im Prinzip tragen alle modernen Gesellschaften totalitäre Züge. Denn der Traum einer rational geplanten, ordentlich-kontrollierten Gesellschaft kann sich nur durch den radikalen Ausschluss des Anderen, des bedrohlich Unordentlichen verwirklichen. »Die typisch moderne Praxis, die Substanz moderner Politik, des modernen Intellekts, des modernen Lebens, ist die Anstrengung, Ambivalenz auszulöschen: eine Anstrengung, genau zu definieren – und alles zu unterdrücken oder zu eliminieren, was nicht genau definiert werden konnte oder wollte.« (Bauman 1995: 20 f.)

Was hat das alles mit der Postmoderne zu tun? Bauman interpretiert die Postmoderne als Überwindung des modernen Ordnungszwangs. Der Postmoderne ist vor allem an der Anerkennung aller Identitäts- und Lebensformen gelegen, so unterschiedlich oder widersprüchlich sie auch sein mögen. Damit verliert sich die Motivation, eine Ordnung herstellen zu wollen, die auf Anpassung, Gleichmacherei und Vereinheitlichung basiert. Wir müssen verstehen lernen, dass es keine besseren Argumente für unsere eigene Lebensform gibt. Wir müssen die anderen Lebensformen tolerieren lernen, aber das heißt nicht nur: Abweichungen notgedrungen dulden, sondern vielmehr: die Andersheit im Anderen bewundern und verteidigen. Schließlich ist das Recht des Anderen auf Differenz auch Voraussetzung für die Bewahrung meines eigenen Andersseins. Bauman (ebd.: 128) fasst dies in die Formel: »Freiheit Gleichheit, Brüderlichkeit war der Schlachtruf der Moderne. *Freiheit, Verschiedenheit, Toleranz* ist die Waffenstillstandsformel der Postmoderne.«

Die postmoderne Mentalität besteht für Bauman also darin, für das Recht des Anderen, anders zu sein, zu kämpfen. Er sieht dabei ganz deutlich, dass dieses gut gemeinte Rezept durchaus ernsthafte Schwierigkeiten machen kann. Denn das (kulturelle) Recht auf Anderssein lässt sich leicht als ein (soziales) Recht auf Armut ausbuchstabieren. Damit würde die Verantwortung für soziale Ungleichheit dem oder der Einzelnen aufgebürdet. Mit anderen Worten: Die vielbeschworene Toleranz der Postmoderne wäre dann nichts anderes als ein freundliches Desinteresse am Schicksal der Unterdrückten, Benachteiligten, Subalternen.

Postkolonialismus

Can the Subaltern Speak? – Können Subalterne sprechen? Mit dieser provokanten Frage hat GAYATRI CHAKRAVORTY SPIVAK (geb. 1942), aus Indien stammende Literaturwissenschaftlerin, die Debatte um die Ambivalenzen der Moderne aufgemischt. Im Vordergrund stehen bei ihr die Ausgrenzungseffekte des europäischen Moderne-Konzepts. Ihr aus den 1980er Jahren stammender Aufsatz wurde rasch zu einem Klassiker der postkolonialen Theorie.

Die Subalternen – diesen Begriff hatte der italienische Marxist Antonio Gramsci (1891–1937) gewählt, um jene bunt gemischte Unterschicht zu kennzeichnen, die über kein Klassenbewusstsein verfügt, politisch nicht repräsentiert ist und nicht die Amtssprache beherrscht, also die verarmte Landbevölkerung, Tagelöhner und Immigranten. Spivak wirft nun die Frage auf, wer für die Subalternen in den postkolonialen Ländern sprechen soll. Diese selbst? Oder ihre Anwälte, die Linksintellektuellen aus dem Westen?

Der französische Philosoph MICHEL FOUCAULT (1926–1984) hatte gegen Jean-Paul Sartre (1905–1980), den öffentlichen Intellektuellen schlechthin, kritisch eingewandt, dass die Zeit der großen Mahner und Warner, die das Weltgewissen repräsentieren, vorbei sei. Für den zeitgemäßen Intellektuellen könne es nur darum gehen, die Kämpfe der Unterdrückten durch Expertise zu unterstützen und diese ansonsten für sich selbst sprechen zu lassen (Foucault 2003). Gegen Foucault wendet Spivak nun wiederum kritisch ein, sein gut gemeinter Zuspruch an die Adresse der Subalternen sei nur Ausdruck einer »imperialistischen Subjektproduktion« (Spivak 2020: 79). Denn zuerst würden diese Ausgegrenzten von den westlichen Intellektuellen zu einem politischen Subjekt vereinheitlicht, aber anschließend nicht von ihnen vertreten. Dies erachtet Spivak als eine Flucht aus der Verantwortung.

Sie fügt hinzu: Die Subalternen können sich nicht bemerkbar machen, weil ihre persönliche oder politische Geschichte nichts wert ist. Schließlich sind ihre zahllosen Aufstände nicht in den Geschichtsbüchern verewigt, weil sie nach westlichen Maßstäben keinen Plan und kein Programm hatten und gescheitert sind. Sie haben keine Stimme, weil der Zugang zum Diskurs nicht offen ist, weil sich jeder Diskurs über Kontroll- und Ausschließungsmechanismen begründet, über Regeln, Zugehörigkeiten und Wahrheitsansprüche, selbst jener noch, der die Ausschließung problematisiert. »Niemand«, so heißt es bei Foucault (1991: 26), »kann in die Ordnung des Diskurses eintreten, wenn er nicht gewissen Erfordernissen genügt, wenn er nicht von vornherein dazu qualifiziert ist.« Es ist letztlich die – von Foucault entzifferte – Ordnung des Diskurses, die die westlichen Intellektuellen in die Rolle der Repräsentanten bringt. Wichtig ist allerdings, dass sie den Subalternen dann auch zuhören. Spivaks Antwort auf die Frage, ob Subalterne sprechen können, lautet also: Natürlich können sie reden, aber die Frage ist, ob sie gehört werden.

Mit diesem und anderen, politisch ambitionierten Texten hat Spivak den postkolonialen Gegendiskurs entscheidend geprägt. Worauf sie unter anderem aufmerksam machen will, das ist die epistemische Gewalt, die das Verhältnis zwischen dem imperialistischen Westen und den (post-)kolonialen Ländern prägt. So wird zum Beispiel auch die außereuropäische Geschichte in Kategorien wie Fortschritt und Modernität gedeutet. Dies verleiht der Überlegenheit des Westens den Schein der Natürlichkeit und bringt die Unterworfenen dazu, ihre eigene Geschichte mit fremden Augen anzusehen. Auch die Art und Weise, wie die Menschen sich selbst erfahren, ist durch die Sprache und Begrifflichkeit der Kolonialherren geprägt. Die Selbstbeschreibung einer Frau als Inderin zum Beispiel zwingt gänzlich unterschiedliche Lebenserfahrungen unter einen Begriff und transportiert die Vorstellung, dass sich mit der Zugehörigkeit zu einer Nation zwangsläufig bestimmte Eigenschaften verbinden.

Der Postkolonialismus hat in den Geistes- und Kulturwissenschaften eine große Karriere gemacht. Gleichwohl ist er ein ziemlich unscharfer Begriff geblieben. Zunächst diente er als Beschreibung der Situation in den ehemaligen Kolonien, doch ab den 1980er Jahren erfuhr er eine erhebliche Ausweitung (Castro Varela / Dhawan 2015). Postkolonialismus wurde zur Chiffre für eine Kritik an der westlichen Moderne, die weniger ökonomische Abhängigkeiten (globaler Kapitalismus) als vielmehr kulturelle Aspekte der Identität und Repräsentation ins Zentrum stellte. So stellt der Postkolonialismus zwar keine einheitliche Theorie, wohl aber ein gemeinsames politisches Projekt dar. Es geht um den Nachweis, dass weiterhin eurozentrische Strukturen und Denkmuster dominieren, selbst nach der politischen Befreiung der Kolonien.

Der Postkolonialismus will also längst nicht nur die überfällige Geschichte der Kolonien (nach-)liefern; es geht vielmehr um eine gründliche Kritik neokolonialer Machtverhältnisse. Diese Kritik ist von der Überzeugung geleitet, dass auch die Geschichte des Westens ohne dessen Verstrickung in Kolonialisierung und Imperialismus nicht zu verstehen ist. Dabei geht es nicht nur um die klassischen Kolonialmächte. Schließlich sind selbst solche Regionen von kolonialen Praktiken und Diskursen betroffen, die nie kolonisiert wurden oder selbst gar keine Kolonialmacht waren, wie zum Beispiel die Schweiz, die sich im 18. Jahrhundert mit großem Gewinn am Sklavenhandel beteiligte.

Ohne Kritik seines kolonialen Blicks kann sich der Westen – mitsamt seinen Vorstellungen von Moderne und Modernität – nicht verstehen. Dies ist das Thema der wegweisenden Studie des Literaturwissenschaftlers EDWARD SAID (1935–2003) über den Orientalismus. Darin argumentiert er, dass sich das Selbstbild des (überlegenen) Westens in der (abwertenden) Auseinandersetzung mit dem Orient bildete (Said 2009). Im Diskurs der Orientalistik, die sich im 18. Jahrhundert als wissenschaftliche Disziplin zu etablieren begann, wurde Europa als Norm vorausgesetzt. Auf dieser Grundlage ließen sich dann die Eigenheiten des vereinheitlichten, anderen Kulturraums als Besonderheiten analysieren. Der Orient, der von den Orientexperten als das ganz Andere gezeichnet wurde, diente eigentlich nur als Projektionsfläche westlicher Hegemonieansprüche. Ein Wissen, das den Orient als unzivilisiert, träge und irrational erscheinen ließ, konnte dann in der Folge verwendet werden, um westliche Gewalt und Herrschaft zu legitimieren.

Said hat maßgeblich dazu beigetragen, dass die Verknüpfung der (westlichen) Wissenschaft mit Macht- und Herrschaftsverhältnissen zu einem zentralen Thema im Postkolonialismus wurde. Tatsächlich fand die Orientalistik im 19. Jahrhundert, also mit dem Aufstieg des westlichen Imperialismus, zu voller Blüte. Und nicht nur sie. Auch die Anthropologie, die Tropenmedizin oder die Rassenbiologie profitierten maßgeblich vom kolonialen Expansionsdrang. Ganz offensichtlich stützten sich politische Machtgier und wissenschaftliche Neugier gegenseitig. Daraus zu schließen, dass Wissenschaft sich generell in Ideologieproduktion erschöpft, wäre allerdings voreilig. Die wissenschaftliche Beschreibungsweise mag den Dingen oft Gewalt antun, selbst wenn es sich nicht um offenkundig eurozentrische oder rassistische Kategorien handelt. Aber wie sähen vollkommen gewaltlose Wissensformen aus?

Der Postkolonialismus provoziert die Soziologie (und insbesondere die Modernisierungstheorie) mit der unangenehmen Frage, ob nicht eine ganz andere Problemperspektive und eine neue Theoriesprache notwendig seien. Denn natürlich ist auch der Diskurs über die Moderne durch koloniales Denken geprägt. Gefordert wird daher eine Dekolonisierung der europäischen Soziologie (Gutiérrez Rodríguez et al. 2010), also eine Überwindung der epistemischen Grundlagen, auf denen die Soziologie gebaut ist. Das ist radikal gedacht, aber es ist gegenwärtig noch nicht absehbar, wie eine Gesellschafts- oder Modernisierungstheorie aussehen wird, die aus dem Geist des Postkolonialismus stammt.

Klar ist hingegen: Die Zeiten, in denen die Moderne als problemlose Identifikationsformel für westlich geprägte Gesellschaften gelten konnte, sind vorbei. Im Begriff der Moderne klingt heute für viele so etwas wie die Naturalisierung der Vorherrschaft Europas an – als hätte Europa die Industrialisierung und den Buchdruck, die Wissenschaft und den Welthandel ausschließlich aus sich selbst heraus hervorgebracht. Doch die Vormacht (und Vorbildwirkung) Europas ergibt sich nicht einfach durch seine intellektuelle, organisatorische und technologische Überlegenheit, argumentiert der Postkolonialismus, sondern vielmehr aus seiner gewaltsamen Plünderungs- und Unterdrückungsgeschichte. So geht der Postkolonialismus mit großem Schwung daran, die Schattenseiten des europäischen Modernisierungsprojekts auszuleuchten – wobei sich die normativen Maßstäbe des postkolonialen Diskurses nicht ohne jene europäischen Errungenschaften verstehen lassen (Menschenrechte, Aufklärung, Demokratie), die Gegenstand radikaler Kritik sind.

Der Postkolonialismus lädt dazu ein, jene Begrifflichkeiten zu überdenken, mit denen Modernisierung erfasst wird, allen voran die Unterscheidung zwischen Moderne und Tradition. So wichtig diese Kritik ist, sie sollte keinesfalls dazu verleiten, mit dem lässigen Hinweis auf Eurozentrismus jede Auseinandersetzung mit den etablierten soziologischen Theorien zu vermeiden. Schließlich baut noch die radikalste Wissenschaftskritik auf Wissenschaft. Dies gilt auch und besonders für den Postkolonialismus. Man sieht es an seiner großen Begeisterung für die französische Philosophie, für Foucault, Derrida und Lacan. Im postkolonialen Diskurs sind diese Denker allgegenwärtig – was die Texte nicht unbedingt leichter lesbar macht. Dass eine komplizierte Terminologie allerdings kein Privileg der Franzosen ist, wird beim Blick auf eine soziologische Theorie *made in Bielefeld* deutlich, die sich ebenfalls als Kritik an alteuropäischen, also typisch modernen (Denk-)Traditionen versteht: die Systemtheorie Niklas Luhmanns.

7 Systemtheorie

Keine Frage, die Systemtheorie macht Angst, nicht nur Studienanfängern. Ihre technische Sprache, der universelle Erklärungsanspruch und eine maschinenartige Theoriearchitektur sorgen dafür, dass die Theorie selber als ein geschlossenes, um nicht zu sagen: hermetisch abgeriegeltes System erscheint. Noch dazu ist in dieser Theorie weit und breit kein Mensch zu sehen; es ist niemand da, der eine Rolle spielt oder Handlungen vollführt. Vielmehr ist ganz anonym von Kommunikation, Medien, Codes und Programmen die Rede, von Operationen und Teilsystemen. So kommt beim selbständigen Erschließen dieser Theorie leicht das schwindelerregende Gefühl auf, man klettere seilfrei an der Außenfassade eines Glaspalasts empor.

In der Soziologie wird die Systemtheorie mittlerweile breit respektiert, immerhin ist sie eine der wenigen großen Gesellschaftstheorien der Gegenwart. Echte Begeisterung – wie früher einmal die Kritische Theorie – löst sie nicht aus, dafür fehlt ihr eine mitreißende Mission. Wer sich innerhalb des Fachs zu dieser Theorie bekennt, gilt als ambitioniert, aber auch als etwas konservativ. Schließlich erscheint vielen die Systemtheorie aufgrund ihres Abstraktionsniveaus und fehlender normativer Bekenntnisse als weltabgewandt, ja als soziologisches Glasperlenspiel, verliebt in die eigenen Konstruktionen, aber gleichgültig der Welt und ihren Bedrängnissen gegenüber.

Doch der Schein trügt. Zwar ist NIKLAS LUHMANN (1927–1998), der Hauptexponent der soziologischen Systemtheorie, vor allem an der (klassischen) Frage nach dem Ordnungsaufbau komplexer Gesellschaften gelegen und nicht an einer Kritik der Pathologien der Moderne. Doch wer durch seine Schriften blättert, erkennt rasch den Mehrwert, den die systemtheoretische Perspektive auch für die Diskussion drängender Gegenwartsprobleme bereithält. Egal ob es um Klimaerwärmung, die Risiken der Technik oder der Zweierbeziehung, die Demokratiekrise oder die Moralisierung der Politik geht – der Umweg über die Systemtheorie führt zwangsläufig zu einem schärferen Blick auf die Problemzusammenhänge, weil sie ein sehr klares Bild der Funktionsweise moderner Gesellschaften liefert. Taucht man tiefer in die Systemlogik ein, fällt vordergründige Gesellschaftskritik schwer. Man wird sensibel dafür, dass viel kritisierte Dysfunktionalitäten (der Wirtschaft, der Politik usw.) oft gleichzeitig mit deren spezieller Leistungsfähigkeit zusammenhängen. Die alte, von plakativer Kapitalismuskritik getragene Parole »Das liegt am System!« erhält auf diese Weise einen ganz neuen Klang.

Die Vervielfältigung der Gesellschaft

Vielleicht ist es am besten, wenn wir uns zentrale Argumentationslinien der Systemtheorie an einem konkreten Thema vergegenwärtigen. Die Umwelt- und Klimakrise bietet sich an, weil sie ein fast schon zeitlos aktuelles Thema ist. Auch Luhmann hat sich damit befasst, und zwar im Kontext der in den 1980er Jahren auflebenden Ökologiebewegung. Aus seiner Auseinandersetzung mit dem Öko-Protest ist quasi nebenbei eine übersichtliche Einführung in die Systemtheorie hervorgegangen (Luhmann 2008). Das Buch trägt den spröden Titel *Ökologische Kommunika-*

tion, und wie so oft hat man das ganze Buch verstanden, wenn man die Botschaft des Titels enträtselt hat. Aber das ist nicht so leicht. Warum »ökologische Kommunikation« und nicht einfach »Die Öko-Gesellschaft« oder etwas Ähnliches?

Zur Beantwortung dieser Frage fangen wir am besten bei dem Unbehagen an, von dem die Klimabewegung bis heute getragen ist. Warum bewegt sich die Gesellschaft angesichts ökologischer Probleme so furchtbar langsam? Warum tut die Politik immer noch viel zu wenig, allen wissenschaftlichen Warnungen zum Trotz? Und warum versickern große umweltpolitische Initiativen oft in klein- und kleinstschrittigen Reformen? Diese Beschwerden kamen bereits in den 1980er Jahren auf, doch heute haben wir angesichts globaler Bedrohungen wie des Klimawandels oder des Artensterbens vielleicht noch stärker als je zuvor das Gefühl, dass die Politik zu wenig tut oder dass sie alles, was sie tut, viel zu langsam tut. Welche Möglichkeiten gibt es für moderne Gesellschaften, mit ökologischen Problemen zurechtzukommen?

Die Umweltkrise begreift Luhmann – Stichwort »ökologische Kommunikation« – als ein gesellschaftliches Kommunikationsproblem. Eine erste, eigenartige Abstraktifizierung. Dahinter steckt die Überzeugung, dass es *das* Umweltproblem *an sich* nicht gibt. Es gibt nur das rein innergesellschaftliche Phänomen der Kommunikation über die Umwelt. Diese Kommunikation spielt sich in Parlamenten, auf Konferenzen, in den Medien, auf der Straße und an vielen anderen Orten ab. Ob in diesen Umweltdiskursen die »realen« Probleme – wie zum Beispiel globale Erwärmung oder Ressourcenknappheit – angemessen abgebildet werden, muss offenbleiben oder besser gesagt: das ist wiederum Kommunikationssache. Denn wir sind nicht in der Lage, uns in die Natur einzufühlen und ihr die wahren Probleme abzulauschen – auch wenn die Klimaaktivisten sich mitunter als authentisches Sprachrohr der Natur verstehen. Alles, was wir tun können, ist kommunizieren. Nur auf diese Weise werden Umweltprobleme gesellschaftlich relevant. Ohne Kommunikation keine gesellschaftliche Relevanz – wie schlimm es auch immer um die Umwelt bestellt sein mag.

Die Umwelt kann sich der Gesellschaft also nicht direkt mitteilen, sondern nur über den Umweg der gesellschaftlichen Kommunikation über Umwelt. Dieser Umweg aber ist folgenreich. Denn es braucht nun innerhalb der Gesellschaft irgendjemanden, der eine (schleichende oder akute) Bedrohung, zum Beispiel ein Versorgungsproblem oder eine Katastrophe als Folge der Umweltkrise interpretiert. Oft sind es Expertinnen und Experten, auch aus den Reihen der Ökologiebewegung, die hier eine besondere Rolle spielen. Allerdings müssen deren Deutungen das öffentliche Interesse wecken, um »gesellschaftlich« wirksam zu werden. Umweltprobleme, mit anderen Worten, sind darauf angewiesen, in der Gesellschaft Resonanz zu erzeugen. Denn Umweltprobleme ohne gesellschaftliche Resonanz sind eben keine Umweltprobleme – so dringlich sie in Wirklichkeit sein mögen. Aber durch welche Faktoren bestimmt sich nun diese Resonanz? Durch die Lautstärke der Proteste? Durch das Ausmaß der Bedrohung? Wie kann die moderne Gesellschaft auf ökologische Gefährdungen reagieren?

Dies ist die Kernfrage Luhmanns, und sie setzt deskriptiv, nicht normativ an. Luhmann fragt nicht: Wie sollte oder müsste die Gesellschaft auf Umweltgefährdungen reagieren? Denn entsprechende Rezepte existieren zwar zuhauf (zum Beispiel: Senkung der CO_2-Emissionen durch alternative Energien), doch offenbar lassen sie sich nicht so einfach umsetzen. Wer derartige Appelle formuliert, so Luhmann (2008: 164), macht »die Rechnung ohne die Gesellschaft«. Denn die Gesellschaft erscheint auf diese Weise als eine bewusst und koordiniert handelnde Entität – wie ein Akteur, den man nur konditionieren muss, damit das Richtige passiert. Demgegenüber betont Luhmann, dass Gesellschaft weder ein Kollektivsubjekt noch die Summe der Akteure ist. Die Gesellschaft der Systemtheorie besteht nicht aus Menschen.

Wie soll man das verstehen? Natürlich bestreitet Luhmann nicht, dass es Menschen gibt, aber der Mensch ist nicht Ausgangspunkt seiner Theorie (dies wäre der Weg in die Handlungstheorie). Alles, was den Menschen für die Soziologie relevant macht, ist durch Kommunikation vermittelt. Wie hoch die Blutfettwerte eines Menschen sind oder wie gut seine Verdauung funktioniert, muss die Soziologie nicht interessieren – das sind medizinische Themen. Erst wenn die Blutfette von den Medien als Risikoindikatoren für Herz-Kreislauf-Erkrankungen entdeckt werden, wird sozusagen der Mensch aus »Fleisch und Blut« zum soziologischen Thema. Denn jetzt sind seine physiologischen Parameter Gegenstand gesellschaftlicher Kommunikation. Debattiert wird dann beispielsweise über Ernährungsgewohnheiten und Bewegungsarmut. Diese Kommunikation kann die Soziologie – etwa mit Blick auf neue Formen der Verantwortungszuschreibung – analysieren und interpretieren.

Die Gesellschaft ist also keine Ansammlung von Menschen und/oder Dingen. Sie ist schlicht das umfassendste System in der sozialen Welt. Weitere soziale Systeme sind die Funktions- oder Teilsysteme (Wirtschaft, Recht, Politik usw.), Organisationen sowie Interaktionssysteme. Alle sozialen Systeme bestehen aus Kommunikation (psychische Systeme hingegen funktionieren über Bewusstsein bzw. Wahrnehmung). Sie existieren, solange sie weiter operieren, also Kommunikation an Kommunikation anschließt. Dadurch entstehen Festlegungen, denen die anschließenden Operationen nicht entkommen können. Im komplizierten Begriff der Autopoiesis (Selbsterschaffung und -erhaltung) ist die Beobachtung gefasst, dass Systeme die Bedingungen ihres Weiterexistierens aus sich selbst hervorbringen. Im Fall biologischer Systeme heißt das: Nur durch Leben entsteht Leben. Oder nehmen wir den Bereich der Wissenschaft: Nur im Anschluss an (bisherige) Wissenschaft entsteht neues, wissenschaftliches Wissen.

Kein System (auch nicht die Gesellschaft) existiert unabhängig von oder außerhalb seiner Umwelt (Luhmann 1984: 242 ff.). Aber Achtung: Umwelt ist hier nicht im ökologischen Sinne gemeint (»Natur«). In der Systemtheorie ist die Umwelt vielmehr eine Residualkategorie, die einfach all das bezeichnet, was nicht System ist. Im Fall sozialer Systeme gehören beispielsweise psychische oder biologische Systeme zur Umwelt. Oder: Aus Perspektive der Wissenschaft ist die Wirtschaft (die Politik, die Kunst usw.) Teil ihrer Umwelt; die Umwelt der Wirtschaft hingegen umfasst auch die Wissenschaft. Die Identität eines Systems ergibt sich durch Abgrenzung zur Umwelt, weil es andernfalls gar nicht unterscheidbar wäre. Anders gesagt: Identität ist nur durch

Differenz möglich. Was das System ist, ist es in Relation zu seiner Umwelt. Und anders herum: Was Umwelt ist, bestimmt sich in Relation zum System, von dem aus beobachtet wird. So viele Systeme, so viele Umwelten.

Und damit wird es wirklich kompliziert: Denn die Realität zerfällt nach dieser Logik nicht einfach in zwei Teile, in System und Umwelt. Sondern jedes System baut die Realität neu auf, und zwar nach Maßgabe seiner spezifischen System/Umwelt-Unterscheidung. Auf diese Weise ergibt sich keine einheitliche Realität; die Realität ist vielmehr hochgradig zerstückelt oder fragmentiert. Denn sie setzt sich aus vielen verschiedenen, nicht-übereinstimmenden Realitätskonstruktionen zusammen, die jeweils aus der Perspektive der einzelnen Systeme angefertigt werden. Plakativ formuliert: Die Wirtschaft sieht die Klimakrise als Problem mangelnder Preisbildung, die Wissenschaft hingegen als Problem unzulänglicher Erkenntnis (bzw. fehlender politischer Tatkraft, wenn das wissenschaftliche Wissen als gesichert gilt).

Im Hinblick auf Gesellschaft heißt das: Mit jeder Form von Systembildung wird die Gesellschaft vervielfältigt. Was wir so beiläufig Gesellschaft nennen, ist also in Wirklichkeit ein komplexes Gefüge. Die Komplexität entsteht aus der Gleichzeitigkeit heterogener Gesellschaftsentwürfe, die allesamt die Gesellschaft ausmachen. Aus diesem Grund gibt es innerhalb der Gesellschaft keinen Punkt mehr, von dem aus man das Ganze überblicken oder steuern könnte. Die Dinge nehmen gleichzeitig unterschiedliche Bedeutung an, je nachdem aus welcher (System-)Perspektive man sie betrachtet. Deswegen ist es fast eine Verharmlosung, von »der« Gesellschaft zu sprechen.

Aber zurück zur Umweltkrise. Ökologische Gefahren, so haben wir gehört, sind erst dann ökologische Gefahren, wenn über sie in der Gesellschaft gesprochen wird. Damit ist allerdings noch nicht erklärt, unter welchen Umständen sich diese Kommunikation entwickelt. Um dies erklären zu können, muss man ein angemessenes Bild von der Struktur und Funktionsweise moderner Gesellschaften haben. Einen ersten Eindruck haben wir bereits erhalten, in Form der Unterscheidung von System und Umwelt. Allerdings grenzt sich die Gesellschaft nicht nur nach außen (zu ihrer Umwelt) ab; auch innerhalb der Gesellschaft gibt es jede Menge Grenzziehungen und Differenzierungen. Welcher Logik folgen diese internen Differenzierungsprozesse?

In modernen Gesellschaften, also ab ca. 1800, ist die funktionale Differenzierung der primäre Modus gesellschaftlicher Entwicklung und Strukturbildung. Das heißt: Im Zuge der gesellschaftlichen Entwicklung bilden sich Teilsysteme heraus, die für das Gesamtsystem bestimmte Funktionen übernehmen. Die wichtigsten Teil- oder Funktionssysteme sind Politik, Wirtschaft, Wissenschaft, Recht, Religion, Medizin, Medien, Erziehung, Kunst, Sport. Diese Funktionssysteme stehen nicht hierarchisch zueinander, weil sie völlig selbständig ganz unterschiedliche Aufgaben bearbeiten. Die Politik hat eine bestimmte Funktion (nämlich Regieren, das heißt kollektiv verbindliche Entscheidungen organisieren), die nicht von der Wirtschaft oder der Wissenschaft übernommen werden kann. Ebenso kann die Aufgabe der Wissenschaft, nämlich die Feststellung (vorübergehend) gültiger Wahrheiten, nicht einfach durch die

Politik gelöst werden – und wenn doch, so wird dies als politischer Übergriff skandalisiert.

Das heißt, dass kein Teilsystem die Funktion eines anderen Teilsystems übernehmen kann. Gleichzeitig jedoch nehmen – gerade aufgrund funktionaler Differenzierung – die gegenseitigen Abhängigkeiten der Funktionssysteme untereinander zu. Viele Aufgaben können nur durch das Zusammenwirken mehrerer Systeme gestemmt werden. Luhmann (2008: 65) schreibt: »Der Bau von Kernkraftwerken ist aufgrund von *wissenschaftlichen* Forschungsergebnissen zunächst durch eine *politische* Entscheidung über *rechtliche* Haftungsbeschränkungen *wirtschaftlich* ermöglicht worden.« Allerdings ist dieses Zusammenwirken der Systeme nicht so einfach, weil jedes Teilsystem nach eigenen Regeln und Logiken funktioniert und nicht so etwas wie eine gemeinsame Sprache oder ein gemeinsamer Verständigungshorizont existiert.

Diese Logik der Differenzierung kann auch *innerhalb* eines Systems beobachtet werden. Nehmen wir das Beispiel Wissenschaft: Die Wissenschaft bildete sich in der frühen Neuzeit als ein eigenes Teilsystem heraus, das mit der Suche nach säkularen Wahrheiten betraut ist. Damit war die Wissenschaft deutlich von der Religion unterschieden. Während die Universität des Mittelalters nur wenige Fächer hatte (Theologie, Medizin, Jurisprudenz und die freien Künste), platzt die moderne Universität aus allen Nähten, sind doch die Naturwissenschaften, die Geistes- und die Gesellschaftswissenschaften hinzugekommen. Diese Entwicklung spiegelt eine extreme Ausdifferenzierung der Wissenschaft, die bis heute nicht abgeschlossen ist. Dies wird auch in der Soziologie sichtbar: Heute gibt es mindestens 30 etablierte Bindestrichsoziologien (Familiensoziologie, Techniksoziologie, Rechtssoziologie usw.), die untereinander meist recht wenige Berührungspunkte haben. Die funktional differenzierte Gesellschaft wird hier gewissermaßen noch einmal auf Ebene der soziologischen Beobachtung nachgebildet.

Vor diesem Hintergrund wird begreifbar, dass ausdifferenzierte Systeme notwendigerweise eine beschränkte Resonanz haben, eben weil sie von ihrer Umwelt (den anderen Funktionssystemen, der Gesellschaft) unterschieden sind. Beschränkte Resonanz ist geradezu ein Indiz für funktionale Differenzierung. Umweltereignisse können daher in einem System nur dann Reaktionen hervorrufen, wenn sie der Kommunikationslogik des Systems entsprechen. In der Systemtheorie wird diese Logik in den Begriffen von »Medien«, »Codes« und »Programmen« beschrieben (vgl. Luhmann 1992: 181 ff.).

Der Begriff der Medien führt leicht auf die falsche Fährte. Gemeint sind nicht Twitter, Fernsehen oder Tageszeitungen. Es geht vielmehr um symbolisch generalisierte Kommunikationsmedien (wie Wahrheit, Geld, Macht, Liebe). Diese Medien sorgen dafür, dass wir uns in vielen gesellschaftlichen Kontexten konstruktiv aufeinander beziehen, obwohl uns unsere Gesprächspartner fremd oder unsympathisch sind und deren Anliegen uns vielleicht gar nicht interessieren. In früheren Zeiten war diese Konstruktivität durch persönliche Nähe garantiert: Man traute den Aussagen von Leuten, weil man sie persönlich kannte. Heute trauen wir zum Beispiel Aussagen, weil sie aus der Wissenschaft kommen und daher als wahr gelten. Kurzum, symbolisch generalisierte Kommunikationsmedien machen die unwahrscheinliche Annahme von Kommunikationsangeboten wahrscheinlich. Sie stellen so etwas wie einen gemeinsamen Relevanzrahmen dar, der die Kommunikation diszipliniert und berechenbar macht, also Erwartungssicherheit schafft und damit die soziale Ordnung stabilisiert.

Warum heißen diese Medien »symbolisch generalisiert«? Mit »symbolisch« ist die Überwindung von Differenzen in der Sozialdimension gemeint. Am Beispiel der Ökonomie: Wir tauschen mit Fremden, weil der Tausch über Geld vermittelt ist. Die religiöse oder politische Gesinnung unserer Tauschpartner stört uns nicht bzw. interessiert uns nicht einmal. »Generalisiert« meint die Überwindung von Differenzen in der Sachdimension oder genauer: die Möglichkeit der Herstellung von Gemeinsamkeiten ohne situationsbezogene Einschränkung. Konkret: Mit Geld lassen sich nicht nur Autos kaufen, sondern (fast) alles. In der modernen Gesellschaft wird alles zur Ware, kritisiert der Marxismus deswegen. Aber eben: Indem alle Dinge auf ihren Marktwert reduziert werden, entfaltet sich eine unglaubliche Dynamik, die den Welthandel ankurbelt.

Medien brauchen Codes, um aus der chaotischen Vielfalt der Ereignisse Informationen gewinnen zu können. Codes sind also so etwas wie systemspezifische »Kommunikationsfilter«. Sie sind die Voraussetzung dafür, dass innerhalb eines Teilsystems das »Rauschen« der Umwelt überhaupt Resonanz entfalten kann, das heißt, dass es für das Teilsystem interpretierbar wird. Vermittels zweiwertiger (binärer) Codes werden aus den unspezifischen Daten der Umwelt systemrelevante Informationen. Das Wissenschaftssystem operiert nach dem Code von wahr und falsch, die Politik entlang der Unterscheidung von Macht und Ohnmacht (Opposition), die Wirtschaft nach der Logik von Zahlung und Nichtzahlung, das Recht unterscheidet Recht und Unrecht.

Systemrelevant ist für das einzelne Teilsystem jeweils nur, was sich in der Zweiwertigkeit des Codes formulieren lässt. Etwas Drittes bleibt ausgeschlossen: Ob die Forschung von der Industrie gesponsert wird, spielt für die Bewertung ihrer Ergebnisse keine Rolle. Schließlich wird die Forschung letztlich eben nach wissenschaftlichen Standards bewertet – und nur dies, ihre Wissenschaftlichkeit, macht sie für die Industrie interessant. Codes repräsentieren die Geschlossenheit des Systems, sie markieren so etwas wie den Sinnhorizont eines Teilsystems. Politiker sind auf Wahlerfolge ausgerichtet; Sportler wissen, dass es um den Sieg geht (und nicht um politische Agitation der Konkurrenz). Und so weiter.

Programme sind so etwas wie systemspezifische »Richtigkeitskriterien«. Sie legen fest, ob etwas – aus der Perspektive des Systems – positiv oder negativ ist (also wahr oder falsch, Recht oder Unrecht). Beispiele für Programme sind Theorien und Methodologien (in der Wissenschaft) oder kodifizierte Normen und Gesetze (im Recht) oder Spielregeln (im Sport). Anhand dieser Programme wird zu einem bestimmten Zeitpunkt darüber befunden, ob etwas zum Beispiel wissenschaftlich gehaltvoll oder rechtlich legal ist. Programme repräsentieren die Offenheit des Systems, denn sie stehen für Veränderbarkeit im Rahmen der Systemlogik: Sowohl Gesetze als auch wissenschaftliche Theorien haben eine Halbwertszeit. Das heißt, die Vorstellungen darüber, was rechtlich zulässig oder wissenschaftlich relevant ist, ändern sich.

Außerdem sind Teilsysteme auf der Ebene der Programme anfällig für Beeinflussungen von außen. Durch Gesetze oder Fördermaßnahmen etwa kann die Politik die wissenschaftliche Forschung zu steuern versuchen. Das heißt nicht, dass nun die Politik bestimmen würde, was wissenschaftlich wahr oder falsch ist. Es können jedoch beispielsweise bestimmte Forschungszweige besonders gefördert oder aber auch »abgesägt« werden, etwa weil sie als ethisch nicht vertretbar gelten.

Festzuhalten bleibt: Funktionssysteme organisieren ihre Wahrnehmung, ihre Aufmerksamkeit, ihre Kommunikation entlang binärer Codes, wobei ein Code immer nur ein bestimmtes Funktionssystem charakterisiert. Jede Art von Umweltereignis kann in einem System nur dann Resonanz erzeugen, wenn es dessen spezifischer Kommunikationslogik entspricht. Kurzum, Resonanz gibt es nur in funktionssystemspezifischer Form. Und damit wird auch deutlich, dass sich die Umweltprobleme an ihre Gesellschaft anpassen können (oder müssen) bzw. dass sich im Zuge gesellschaftlicher Resonanz eine systemspezifische Transformation (oder Konstruktion) dieser Umweltprobleme ereignet.

Wie Politik und Wirtschaft auf Umweltthemen reagieren

Damit sind wir nun beim Ausgangspunkt angelangt, nämlich der Frage, wie die Gesellschaft auf ökologische Gefahren reagieren kann. Die Antwort lautet: Die Gesellschaft kann nur vermittels ihrer Funktionssysteme auf Umweltprobleme reagieren. Mangels einschlägiger Systembildung (es gibt kein »Natur-System«) hat die Natur, wie Luhmann (2008: 166) schreibt, keinen »Partner in der Gesellschaft«. Natürlich: Es gibt, wie wir aus jüngster Erfahrung wissen, Schülerdemonstrationen gegen die globale Erwärmung, Proteste gegen Fracking und Atomkraft und einen zunehmend radikalen Klimaaktivismus. Doch all diese Aktivitäten laufen darauf hinaus, Politik und Wirtschaft zu einer nachhaltigen Lösung der Umwelt-, Energie- und Klimakrise zu drängen. Mit anderen Worten: Die Protestbewegung funktioniert wie eine Partnervermittlung. Sie sorgt dafür (wenn sie erfolgreich ist), dass die Umweltprobleme in der Gesellschaft, das heißt in Gestalt zentraler Funktionssysteme einen mächtigen Partner finden.

In der Regel gilt die Politik als erste Anlaufstelle für Umweltprobleme. Dies verdankt sich der weit verbreiteten Illusion, dass die Politik die zentrale Steuerungsinstanz der Gesellschaft ist. Die Überschätzung des politischen Handlungsvermögens (auch und gerade durch die Politik selbst) beruht auf einem traditionellen Politikverständnis, in dem die Politik als Steuerungszentrum der Gesellschaft erscheint. In diesem Bild hat die Gesellschaft die Gestalt einer Pyramide, die hierarchisch geschichtet ist und an deren Spitze die Politik thront. Doch die moderne Gesellschaft ist, wie Luhmann des Öfteren betont, eine Gesellschaft ohne Spitze und ohne Zentrum. Schließlich stehen die Funktionssysteme in keinem Hierarchieverhältnis zueinander, und es gibt auch für kein System irgendwelche Privilegien. In der funktional differenzierten Gesellschaft existiert keine zentrale Instanz mehr, die alle Probleme souverän überblicken und entsprechend koordiniert bewältigen könnte.

Der Politik kommt also in Luhmanns Theorie keine Sonderrolle zu; sie ist vielmehr ein Teilsystem, das in formaler Hinsicht genauso funktioniert wie alle anderen Systeme. Auch die Politik kann nur innerhalb ihres Codes operieren – täte sie das nicht, wäre sie gar nicht als Politik erkennbar. Die Politik ist auf die Organisation von Macht zur Herstellung kollektiv bindender Entscheidungen festgelegt. Es geht darum, wer die Macht hat, wer regiert und wer in der Opposition ist. Ökologische Probleme werden entsprechend dann zu einem politischen Problem, wenn sie als machtrelevante Fragen verstanden werden. Für den Erfolg eines solchen »Übersetzungsprozesses« macht Luhmann allerdings eine Reihe von Barrieren aus (Luhmann 2008: 114 f.).

Erstens tut sich eine immer noch vorwiegend nationalstaatlich organisierte Politik mit der Globalität der Umweltprobleme schwer. Gerade die zähen internationalen Verhandlungen um einen wirksamen Klimaschutz zeigen, wie mühsam der Weg zu einer völkerrechtlichen Regulierung von Umweltproblemen ist. Zwar wurde 2015 auf der Pariser Klimakonferenz eine weltweite, rechtsverbindliche Klimaschutzvereinbarung geschlossen. Darin ist unter anderem festgehalten, dass die globale Erwärmung durch geeignete Maßnahmen auf 1,5 Grad Celsius begrenzt werden soll. Doch der zeitweilige Ausstieg der USA (unter Trump) aus dem Pariser Abkommen zeigt, wie fragil solche Übereinkommen sind. Im Zweifelsfall stehen nationale Interessen über dem Wohlergehen der Weltbevölkerung.

Ein zweites Problem besteht in den unterschiedlichen Zeithorizonten. Während Umweltprobleme meist einen eher langfristigen Zuschnitt haben, denkt die Politik in Legislaturperioden. Umweltpolitische Erfolge lassen sich nicht in kurzfristige Machtgewinne ummünzen, argumentiert Luhmann. Dies könnte sich zwischenzeitlich geändert haben. Manchmal scheint es, als seien politische Erfolge heute vor allem durch ambitionierte und zeitlich weitreichende Umweltprogramme garantiert, ohne Rücksicht auf deren Realisierbarkeit.

Es gibt einen dritten Aspekt, der Umweltfragen zu einem recht sperrigen politischen Problem macht: Ökologische Kommunikation ist, wie Luhmann meint, vor allem Angstkommunikation. Das heißt, sie folgt nicht der alten Polit-Logik von links und rechts und lässt sich auch nicht in die traditionellen Themen von Gerechtigkeit und Freiheit übersetzen. Weil Angstkommunikation immer authentisch, also nicht widerlegbar ist, realisiert sich eine Umweltpolitik, die diese Ängste ernst nimmt, als Verhinderungspolitik (keine AKWs, keine Betonpisten, keine Bäume fällen usw.). Auf diese Weise wird man aber, so Luhmann, nicht regierungsfähig. Auch dieses Argument müsste man wahrscheinlich angesichts der Wahlerfolge grüner Parteien in vielen europäischen Ländern noch einmal nachjustieren.

Ähnlich wie die Politik hat auch die Wirtschaft keine spezifische ökologische Kompetenz (Luhmann 2008: 67 ff.). Eine ausdifferenzierte Wirtschaft ist Geldwirtschaft, das heißt, sie funktioniert über den Code von Zahlung und Nichtzahlung. Geregelt ist diese Geldwirtschaft durch Preise. Anhand von Preisen kann man sehen, ob Zahlungen korrekt sind. Zwecks wirtschaftlicher Resonanz müssen ökologische Probleme in diesen Geldkreislauf eingebunden, sie müssen in Preise übersetzt werden können. Sichtbar wird die wirtschaftliche Anschlussfähigkeit von Umweltproblemen dann, wenn neue Verdienstmöglichkeiten und neue Märkte entstehen.

Umweltprobleme müssen also in einem umgangssprachlichen Sinne rentabel sein, um die Wirtschaft auf Trab zu bringen – das ist die schlechte Nachricht. Die gute lautet: Sofern Umweltprobleme erst einmal in Preisen ausgedrückt worden sind, müssen sie in jedem Fall dann auch wirtschaftlich bearbeitet werden. Fazit: Die Wirtschaft ist sehr fokussiert und damit sehr begrenzt resonanzfähig, so wie jedes andere System auch. Darin liegt ihre Schwäche – und ihre besondere Leistungsfähigkeit.

Die Angst vor der Moral

Wie lautet das Fazit? Kann die moderne Gesellschaft auf ökologische Gefährdungen reagieren? Sie kann es, zweifellos, allerdings nur nach Maßgabe der Kommunikationslogik ihrer autonomen Teilsysteme. Es gibt keine direkte Beziehung zwischen Gesellschaft und Natur. Die Beziehung zur Natur ist durch die inkongruenten Perspektiven der Teilsysteme mehrfach gebrochen, fragmentiert. Ob moderne Gesellschaften *angemessen* auf Umweltprobleme reagieren, ist aus systemtheoretischer Perspektive daher eine müßige Frage. Denn die Natur spricht nicht, und es gibt in der Gesellschaft auch niemanden, der sich glaubhaft als authentische Stimme der Natur verstehen dürfte.

Für die Klimabewegung enthält die soziologische Systemtheorie damit eine Reihe ernüchternder Einsichten. Erstens: Die funktional differenzierte Gesellschaft verfügt über keine allmächtige Zentralinstanz, um Umweltprobleme zu bearbeiten. Selbst wenn es ein auf Öko-Themen spezialisiertes System gäbe, also quasi ein »Öko-System«, würde dies in Konkurrenz zu den anderen Systemen stehen. Zweitens: Selbst wenn die Politik den Klimawandel für ein großes Problem hält, wird sie keine großartigen Lösungen anbieten können. Schließlich muss jedes noch so große Problem an die kleinschrittige Verarbeitungslogik des Teilsystems Politik angepasst werden. Drittens: Die Gesellschaft hat keinen direkten Draht zur Natur. Die Natur macht sich, auch wenn Naturkatastrophen anderes vermuten lassen, gesellschaftlich nur in Form von Debatten darüber und in Protesten bemerkbar, die unter dem Titel »Ökologie« laufen und eventuell, aber nicht zwingend, Resonanz erzeugen.

Darin zeigt sich die Ambivalenz der Moderne: Die gegenwärtige Gesellschaft löst sehr viele Probleme durch funktionale Differenzierung und macht auf diese Weise Erkenntnisfortschritt, Wirtschaftswachstum, rationale Verwaltung, Rechtssicherheit und vieles andere möglich. Doch gleichzeitig produziert sie in diesem Prozess Probleme, mit denen sie gerade aufgrund dieser Differenzierung nur schwer umgehen kann. Schließlich fehlt eine zentrale Koordinationsinstanz, um die Beziehung der Gesellschaft zu ihrer Umwelt ganzheitlich erfassen und damit entsprechend steuern zu können.

Dass moderne Gesellschaften sich als krisenhaft erleben, ist, dem Münchner Soziologen ARMIN NASSEHI (geb. 1960) zufolge, darum kein Wunder. Tatsächlich lassen sich Phänomene wie extreme Hitze, Tsunamis oder die Gletscherschmelze in unserer Zeit nicht mehr als Heimsuchungen einer undurchsichtigen Natur verstehen. Solche Ereignisse gelten vielmehr als Folge menschlichen Handelns bzw. gesellschaftlicher Praktiken. Deswegen ist die Erwartung groß, dass sich diese menschengemachten Probleme auch durch gemeinsame Anstrengung und viel guten Willen reparieren lassen. Dieser typisch moderne Gestaltungs- und Steuerungsoptimismus wird in der Praxis zwar ein ums andere Mal enttäuscht. Doch mangels Einsicht in ihren Ordnungsaufbau verstärkt die Gesellschaft dann ihre Kräfte nur. Die zwangsläufige Folge ist eine chronische Krisenstimmung: Eine Gesellschaft, die sich durch ihren Aberglauben an eine kluge Gesamtkoordination ständig selbst überfordert, ruft angesichts steter Enttäuschung ein allgemeines Unbehagen hervor (Nassehi 2021).

Dieses Unbehagen findet seinen politischen Ausdruck in der Mobilisierung von Protesten, wie wir aktuell in der Klimakrise sehen. Diese Proteste sind teilweise von einer extremen Krisenwahrnehmung getrieben. Weil es um nichts weniger als das Überleben der Menschheit geht, legitimiert eine Notstandsrhetorik den zivilen Ungehorsam. Der Einsatz für die (konkurrenzlos) gute Sache heiligt die Mittel. Politische Verständigung erscheint unter diesen Umständen nicht mehr als Ausdruck demokratischer Kultur, sondern als feige Verzögerungsstrategie und letztlich mutwillige Inkaufnahme der Katastrophe. Eine solche Moralisierung der Politik führt zu unlösbaren Problemen, weil eine unvoreingenommene, sachliche Debatte nicht mehr möglich ist. Schließlich unterstellt man der Gegenseite nicht gute Gründe, sondern eine klimaschädliche Gesinnung.

Im Klimastreit, aber auch in Debatten um Migration, Mobilität oder Corona, ist jede Menge Moral im Spiel. Doch Moral, also die Vermessung der Welt in den Kategorien von

Gut und Böse, warnt Luhmann (1990), sollte man nicht umstandslos für moralisch gut halten. Schließlich ist moralische Kommunikation, so Luhmann (ebd.: 26), »nahe am Streit und damit in der Nähe von Gewalt angesiedelt. Sie führt im Ausdruck von Achtung und Mißachtung zu einem Überengagement der Beteiligten.« Wenn also politische Streitfragen als moralische Probleme verstanden und verhandelt werden, heizt sich zwangsläufig die Atmosphäre auf. Man abstrahiert dann zum Beispiel von gesellschaftlichen Zusammenhängen und personalisiert die ganze Angelegenheit. Gesellschaftliche Fehlentwicklungen erscheinen folglich als Resultat bewusster Fehlentscheidungen moralisch verkommener Individuen.

Moralisierung, das hat schon Luhmann betont, verbindet sich mit Eifer, Empörung und Emotionen. Wer moralisiert, macht Zwänge geltend, die vom eigenen Gewissen diktiert sind. Im Fall des Klimakonflikts, der in hohem Maße verwissenschaftlicht ist, wird die Alternativlosigkeit einer bestimmten Position oft noch durch den Verweis auf wissenschaftliche Studien unterfüttert. Kompromisse sind daher nicht mehr akzeptabel, weil viel zu viel auf dem Spiel steht. Schließlich schreibt man seiner eigenen Wahrheit ein exklusives Erlösungspotenzial für alle zu. Es ist genau diese Tendenz zur Polarisierung, die Luhmann an moralischer Kommunikation gefürchtet hat. Deshalb hat er die professionelle Ethik provokativ dazu aufgefordert, nicht das Geschäft der Moral zu betreiben, sondern rechtzeitig vor Moral bzw. Moralisierung zu warnen. Die Ethik freilich hat davon nur am Rande Notiz genommen. Im Großen und Ganzen haben Luhmanns Einsichten, wie wir heute an vielen hochschul- und identitätspolitischen Debatten beispielhaft sehen können, der Attraktivität moralischer Kommunikation nichts anhaben können.

Mit Blick auf die Klimakrise bleibt abschließend festzuhalten, dass die Ökologiebewegung mit der Systemtheorie nie so richtig warm geworden ist. Das mag damit zusammenhängen, dass die Protestbewegung im Rahmen dieser Theorie sich nicht länger als exklusive Repräsentantin der verletzlichen Natur verstehen konnte. Befremdlich war wohl außerdem, dass sämtliche Naturprobleme ausschließlich als kommunikative Probleme vorgeführt wurden. Dies schien der intrinsischen Qualität der Natur, ihrem Eigenwert, nicht gerecht zu werden. So wandte sich das Interesse bald anderen Theorien zu, darunter einer, die fast schon radikal-ökologisch zu nennen ist, weil sie der Natur den Status eines eigenständigen Akteurs zuweist. Die Rede ist von der Akteur-Netzwerk-Theorie.

8 Akteur-Netzwerk-Theorie

Die Akteur-Netzwerk-Theorie (ANT) zählt mittlerweile zu den tragenden Paradigmen der Soziologie und wird in aktuellen Einführungswerken wichtigen Theorietraditionen wie dem Marxismus, dem symbolischen Interaktionismus oder der Systemtheorie zur Seite gestellt. Dabei handelt es sich eigentlich gar nicht um eine Theorie – sofern man von einer Theorie erwartet, dass sie ein klares Bild vom Aufbau, der Funktionsweise und Entwicklung (spät-)moderner Gesellschaften liefert. Das alles leistet die ANT nicht, weil sie eine solche Art von Gesellschaftstheorie für irreführend erachtet. Anstatt so große und abstrakte Dinge wie »Gesellschaft«, »Kapitalismus« oder »Struktur« vorauszusetzen, will diese Soziologie lieber konkret analysieren, wie aus dem Zusammenwirken von menschlichen und nichtmenschlichen Akteuren (also Tieren, Technologien oder Elementarteilchen) mehr oder weniger stabile Netzwerke entstehen, die in Summe »Gesellschaft« ausmachen.

Die ANT zielt also nicht auf eine substanzielle Beschreibung der Gesellschaft, sondern auf die Durchsetzung einer neuen Beschreibungsform. Alte Dichotomien (lokal/global, Handlung/Struktur etc.) und Globalbegriffe (Struktur, Gesellschaft etc.) sollen aufgegeben werden, um die soziologische Neugier dafür zu wecken, welche Prozesse das Soziale stabilisieren, also so etwas wie Gesellschaft vorübergehend möglich machen. In diesem Sinne repräsentiert die ANT eigentlich eine methodische Haltung: Gefordert wird eine voraussetzungslose Hinwendung zu den Dingen selbst. Ohne Rückgriff auf (irreführendes) soziologisches Vokabular soll eine Mikroskopie des Sozialen durchgeführt werden, die den Prozess des Netzwerkbildens transparent macht (und den sich manchmal rasch wandelnden Stellenwert der Akteure in diesem Prozess). Ein solch kompromissloses »Zurück zu den Dingen!« wird freilich nur möglich, wenn man von den institutionellen Kontexten, also feststehenden Interessen, Normen und Institutionen abstrahiert.

Aber mit dem alten Institutionenbegriff kann die ANT nichts anfangen, weil sie nicht auf soziale Erklärungen abzielt, sondern davon ausgeht, dass sich die Erklärung sozialer Sachverhalte durch peinlich genaue und detaillierte Beschreibungen gleichsam von selbst ergibt. Robuste Erkenntnisse erwartet sich diese Soziologie also letztlich nur durch besonders »dichte Beschreibungen« (Geertz 1987) der Herstellung von Gesellschaft in Folge der Verflechtungen zwischen Akteuren verschiedenster Art. Kurzum, das Soziale gilt nicht als Erklärungsfaktor, sondern muss in seiner Fabriziertheit selbst erklärt werden. Diese eigenwillige Architektur der ANT kann man nur dann verstehen, wenn man sich den historischen Entwicklungszusammenhang dieser Theorie vergegenwärtigt.

Tatsachen sind Tat-Sachen

Die ANT hat ihre Wurzeln in der Wissenschaftssoziologie, und eigentlich hat sie sich – trotz ihres sozialtheoretischen Anspruchs – auch nie daraus gelöst. Sie wurde maßgeblich von den französischen Soziologen BRUNO LATOUR (1947–2022) und MICHEL CALLON (geb. 1945) vorangetrieben, beides wichtige Vertreter der Wissenschafts- und Technikforschung. Im Englischen spricht man von den *Science and Technology Studies* und unterstreicht damit den interdisziplinären Anspruch dieses Unternehmens, ähnlich wie im Fall der *Gender Studies*, der *Cultural Studies* oder *Postcolonial Studies*. Die Wissenschafts- und Technikforschung hat sich aus der Wissenschaftssoziologie entwickelt und bildet seit den 1980er Jahren ein eigenständiges, institutionalisiertes Forschungsfeld. Im Mittelpunkt des Interesses stehen die Verflechtungen zwischen Wissenschaft, Technik und Gesellschaft.

Man geht davon aus, dass Wissenschaft und Technik von politischen, kulturellen und sozialen Parametern beeinflusst werden – wie auch umgekehrt Politik, Kultur und Gesellschaft durch Wissenschaft und Technik geprägt sind. Diese Verflechtungen werden vor allem empirisch untersucht. Im Vordergrund steht der Anspruch, die landläufige Idealisierung der Wissenschaft als eines Horts höherer Vernunft zu unterlaufen und sie als eine soziale Praxis zu enträtseln.

Die Wissenschafts- und Technikforschung verdankt ihr Image eines sympathisch aufmüpfigen Forschungszweigs vor allem der respektlosen Auseinandersetzung mit den Naturwissenschaften, deren Leistungsfähigkeit auf Seiten der Sozialwissenschaften oft Minderwertigkeitsgefühle auslöst. Im Rahmen der sogenannten Laborstudien, die in den 1980er Jahren große Resonanz entfalteten, analysierte man auf Basis teilnehmender Beobachtung, wie in biowissenschaftlichen Laboratorien Fakten und Wahrheiten hergestellt werden (vgl. Latour/Woolgar 1979, Knorr-Cetina 1984). Die Laborstudien leben bis heute von dem Nimbus, die epistemische Überlegenheit der Naturwissenschaften wirkungsvoll attackiert zu haben. Die Einsicht, dass wissenschaftliche Fakten und Wahrheiten stets in einem bestimmten sozialen Umfeld entstehen, also auf Basis bestimmter Prämissen, Restriktionen und Entscheidungen fabriziert (wenn auch nicht einfach frei erfunden) werden, war damals eine aufregende Neuigkeit.

Ihren Schwung verdankten die Laborstudien einer anarchistisch gestimmten Wissenschaftsphilosophie, die keinen Unterschied mehr zwischen Wissenschaft und Nicht-Wissenschaft machen wollte. Auch die Wissenschaft, so erklärte Paul Feyerabend, sei nichts anderes als ein »besonderer Aberglaube«, der allerdings eine Sonderstellung in der Gesellschaft innehat, weil er durch die Erkenntnistheorie mystifiziert wird (Feyerabend 1986). Die Mystifizierung beruht auf dem Glauben daran, dass es zeitlos gültige und universell anwendbare Methoden gibt, die mit gleichsam algorithmischer Präzision vernünftige Ergebnisse garantieren, wenn man sie nur streng befolgt. Genau das, kritisiert Feyerabend, können Methoden aber nicht leisten. Schließlich werden Methoden immer mit Blick auf spezifische Probleme entwickelt; sie sind daher nicht auf andere Problemkontexte anwendbar. Die Wissenschaft zeichnet sich also nicht durch standardisierte, generalisierbare Methoden aus, sondern lebt vom Moment. Sie ist ideologischen Einflüssen gegenüber genauso offen wie der normale Menschenverstand. Weil dies jedoch niemand sieht, hat die Wissenschaft bis in unsere Tage das Monopol zur Feststellung von Fakten.

Was rebellische Wissenschaftsforscher wie Latour an dieser Monopolstellung stört: Die Welt der wissenschaftlich festgestellten Fakten steuert die Welt der Werte, und das heißt vor allem: die Politik. Schließlich kann man über Tatsachen nicht mehr politisch verhandeln, sofern sie den Nimbus des Unverfügbaren, Objektiven, Natürlichen errungen haben. Das heißt, es ergibt sich ein einseitiges Abhängigkeitsverhältnis: Während die Wissenschaft (mittels ihrer Tatsachenfabrikation) die Politik steuert, kann die Politik (oder die Gesellschaft) nicht darauf Einfluss nehmen, mit welchen Tatsachen sie leben möchte – obwohl sie Menschenwerk sind. Denn unser landläufiger Tatsachenbegriff unterschlägt die Tatsache, dass auch Tatsachen gemacht werden müssen.

»Les faits sont faits«, bemerkt Latour (in Anlehnung an Bachelard) des Öfteren, also: Tatsachen werden fabriziert, sie sind Tat-Sachen. Das heißt nicht: Tatsachen sind Luftnummern, bloße Erfindungen – auch wenn gerade die frühen Laborstudien genau so verstanden worden sind. Es heißt: Tatsachen haben eine Geschichte, und es ist sehr aufwändig, neue Tatsachen, also zum Beispiel chemische Elemente oder physikalische Gesetzmäßigkeiten, so in der Welt zu platzieren, dass sie als autonome Entitäten angesehen werden, die quasi immer schon existiert haben.

Was Latour damit meint, führt er am Beispiel der Milchsäuregärung vor. Mitte des 19. Jahrhunderts machte der französische Chemiker Louis Pasteur zum ersten Mal Mikroorganismen (Milchsäurebakterien) für diesen Prozess verantwortlich. Zuvor war die Fachwelt davon überzeugt gewesen, dass die Gärung nicht das Werk von Lebewesen sein könne. Latour (2000: 175) fragt deshalb scherzhaft-provokant: »Wo waren die Mikroben vor Pasteur?« Einerseits ist klar: Pasteur hat die Mikroben in stofflicher Hinsicht nicht geschaffen. Andererseits hat ihre bloße Stofflichkeit vor Pasteurs Experimenten nicht ausgereicht, sie als Quelle der Milchsäuregärung begreiflich zu machen. Was Pasteur in seinen Arbeiten also offensichtlich gelungen ist, ist, das Milchsäureferment zu einer identifizierbaren Substanz mit genau definierter Wirkung zu machen – und damit zu einem relevanten Akteur in der biochemischen Welt.

Pasteur entdeckt also nicht einfach ein in seiner Form und Funktionalität bereits fix und fertig vorliegendes Lebewesen; er erfindet es natürlich auch nicht. Pasteur »artikuliert« das Milchsäureferment, wie Latour sagt. Das heißt, Pasteur schafft es, das Ferment vermittels seiner experimentellen Aktivitäten als eine selbständige Materie plausibel zu machen, die im Weiteren dann (wie jede Tatsache) für sich selbst spricht. Aus einer anfänglichen Wolke verwirrender Beobachtungsdaten im Labor ist am Ende eine sozusagen neu formatierte und präzise definierte Substanz geworden. Damit hat Pasteur nicht nur die Zusammensetzung der Welt, sondern auch ihre Geschichte verändert. Pasteurs Erfolg lässt es im Nachhinein so aussehen, als hätten die Mikroben in dieser spezifischen Form immer schon existiert. Gerade die künstliche Laborforschung verhilft den in einem langen Prozess entwickelten Tatsachen zu ihrer Natürlichkeit.

Verflüssigung des Sozialen

Die neue Soziologie der ANT ergibt sich aus der Verallgemeinerung der in der Wissenschaftsforschung gewonnenen Erkenntnisse. Ihr Credo lautet: So wie sich wissenschaftliche Tatsachen dekonstruieren lassen (was Latour zufolge überhaupt erst deren »Härte« verstehbar macht), so lassen sich auch soziale Sachverhalte als Resultate von Herstellungsprozessen verstehen. Die Gesellschaft, mit anderen Worten, ist nicht eine immer schon existierende Entität, die allem Glauben, Wissen und Handeln der Menschen vorausgesetzt ist. Sie ist vielmehr das Resultat von Vergesellschaftungsprozessen. So hat es im Übrigen auch schon Georg Simmel gesehen: Mit jeder neuen Parteibildung, jedem neuen Konflikt, jeder gemeinsamen Mahlzeit wird die Gesellschaft »dichter« oder stabiler. Die beteiligten Gruppen sind dann, wie Simmel (1992: 24) sagt, »mehr« Gesellschaft als zuvor.

Für diese Vergesellschaftungsprozesse sind allerdings nicht nur die Interaktionen zwischen Menschen relevant. Latour geht vielmehr davon aus, dass die Gesellschaft ihre Stabilität erst durch all jene Verbindungen erhält, die zwischen menschlichen und nicht-menschlichen Wesen, also Technologien, Bakterien, Naturgesetzen oder Artefakten hergestellt werden. Die Soziologie soll demnach analysieren, wie Verbindungen oder Assoziationen hergestellt werden, wie also das, was wir gemeinhin das »Soziale« nennen, passiert. Diese merkwürdige Formulierung (was soll schließlich beim Sozialen schon passieren?) verweist auf den eigentümlichen Begriff des Sozialen in der ANT.

In der traditionellen Soziologie, kritisiert Latour (2007), wird das Soziale wie ein Sachverhalt oder eine spezifische Sphäre behandelt. So sprechen wir etwa von der »sozialen Welt«. Manchmal erscheint das Soziale auch als Qualitätsbestimmung eines Menschen; jemand wäre besonders »sozial«, heißt es dann. Diese Verdinglichung des Sozialen hat historische Gründe: Die Soziologie musste sich im 19. Jahrhundert als eigenständige Disziplin behaupten und meisterte diese Herausforderung mit der Entdeckung der »sozialen Frage«. Auf diese Weise wird aus dem Sozialen eine Substanz, deren Berücksichtigung dem besseren Verständnis mancher Phänomene dient. Wir kennen das, etwa wenn von sozialen Einflüssen auf die Kunst oder auf die Wissenschaft die Rede ist. Diese Verwandlung des Sozialen zu einem eigenständigen Gegenstandsbereich ist für die Soziologie sehr angenehm: Das Etikett des »Sozialen« ruft automatisch die Soziologie auf den Plan.

Latour plädiert demgegenüber für eine Verflüssigung des Sozialen. Schließlich führt uns die Rede vom »sozialen Kontext«, von der »sozialen Dimension« oder vom Sozialen als eigener Sphäre in die Irre. Wir vergessen dann nur zu schnell, dass Gesellschaft hergestellt werden muss, dass also bestimmte Prozesse, Verknüpfungen, Handlungen notwendig sind, damit die sozusagen unformatierte Welt der Dinge (Technologien, Menschen, Ideologien, Bakterien etc.) Struktur gewinnt. Strukturbildung geschieht durch die Herstellung von Verbindungen zwischen den Dingen. Das Soziale ist für die ANT das Instrument für diese Verbindungsprozesse (»Assoziationen«); es ist ein »Verknüpfungstyp zwischen Dingen, die selbst nicht sozial sind« (Latour 2007: 17).

Soziales passiert also überall dort, wo Verknüpfungen hergestellt, also bislang unverbundene Akteure und Entitäten zu einem Netzwerk verbunden werden, das gleichermaßen realitätsbildend und identitätsstiftend wirkt. So ergibt sich beispielsweise die Identität des Milchsäurebakteriums erst durch Pasteurs Erfolg. Indem das Bakterium zum Faktum wird, setzt sich auch ein neues Weltbild durch: Von nun an gilt die Gärung als ein Werk von Lebewesen. Erfolgreich ist so eine Netzwerkbildung, wenn die heterogenen Komponenten (also menschliche und nichtmenschliche Akteure) sich in einer abgestimmten Weise aufeinander beziehen.

Also: Die ANT ruft dazu auf, Gesellschaft neu zu denken. Die alte Gesellschaft der Soziologie bestand aus Personen, Interaktionen, Organisationen, Institutionen und war ziemlich stabil. Die neue Gesellschaft der ANT ist fragiler und reichhaltiger. Sie enthält Objekte und Verbindungen, die im klassischen Gesellschaftsbegriff ausgeschlossen sind, also chemische Substanzen, Naturgesetze, Mikroben, Mythen, Geister – letztlich alles, was die Menschen zum Handeln bringt. Die Gesellschaft ist das Gesamt aller Assoziationen, also der Verbindung von Elementen, und daher hochdynamisch. Schließlich werden ständig neue Assoziationen gebildet, die aber flüchtig sind, weil sie durch neue Substanzen, technische Innovationen oder neue wissenschaftliche Erkenntnisse verändert werden.

Was soll das konkret heißen? Nehmen wir die letzte Pandemie als Beispiel: Die Entdeckung des SARS-CoV-2-Virus schafft eine neue Gesellschaft, weil es in der Folge zu neuen Handlungserwartungen und Verantwortungszuschreibungen kommt. Es bilden sich neue Solidargemeinschaften, Arbeitsformen (»Homeoffice«) und Beratungskommissionen. Oder: Nach der Entwicklung eines Impfstoffs gegen COVID-19 ist die Gesellschaft schon wieder eine völlig andere als zuvor – es entstehen neue Sicherheitserwartungen, Sensibilitäten und Konflikte. Impfskeptiker entwickeln sich zu Querdenkern; unerwartete Mutationen des Virus verkürzen plötzlich den Impfschutz und durchkreuzen politische Pläne zur Lockerung der Restriktionen. Und so weiter.

Kurzum, aus Perspektive der ANT ist in der Gesellschaft potenziell alles versammelt, was die – in unseren alten Begriffen: biologische, psychische, soziale – Welt ausmacht. Diese neue, verwirrend vielfältige Gesellschaft kennt keinen Unterschied zwischen Mikro- und Makro-Phänomenen oder zwischen (handelnden) Subjekten und (passiven) Objekten. Sie findet ihre Identität auch nicht länger in Abgrenzung zu Umwelt und Technik, sondern im Versammeln gleichrangiger Elemente. Nichts und niemand kann in dieser neuen Gesellschaft eine ontologisch begründete Vorrangstellung geltend machen, auch nicht der Mensch. Anstelle von Gesellschaft spricht die ANT denn auch meist vom »Kollektiv«.

Wer handelt?

In der neuen Gesellschaft der ANT bzw. im Kollektiv, so haben wir gehört, ist alles versammelt, was Handlungsträgerschaft hat, also neben Menschen auch Tiere, Pflanzen, Technologien, Tatsachen, chemische Substanzen und vieles mehr. Heißt das nun, dass alle diese Dinge intentional handelnde Subjekte sind? Ein einfaches »Ja« wäre wohl ein grober Verstoß gegen den gesunden Menschenverstand. Ein striktes »Nein« jedoch wäre der ANT zufolge voreilig. Schließlich machen wir alle immer wieder die Erfahrung, dass wir in unserem Handeln nicht autonom sind, sondern von vielen Dingen beeinflusst werden, wie zum Beispiel von Trieben, Ideologien oder Institutionen. Oft kommt es vor, dass wir letztlich nicht das tun, was wir wollen. Es sind also noch andere Handlungsträger im Spiel, und zwar nicht nur Menschen. Beim sozialen Handeln geht es also nicht nur um ein Verhältnis zwischen Anwesenden, so wie wir dies aus Max Webers Definition kennen. Es stellt sich deshalb die Frage: Wer handelt? Genauer: Wer oder was ist an Handlungen beteiligt?

Normalerweise gehen wir davon aus, dass ein menschlicher Akteur der Ursprung einer Handlung ist. Die ANT hingegen erklärt, dass in aller Regel viele Akteure und vor allem: nicht nur menschliche Akteure an einer Handlung beteiligt sind. Der handelnde Einzelakteur ist für sie genauso eine Abstraktion wie das statistisch gebildete Kollektiv. Schließlich bezieht sich konkrete Handlungsträgerschaft auf heterogene Elemente. Das heißt zum Beispiel, dass eine Schauspielerin eben nicht autonom handelt, denn ihre Darbietung wird von Souffleuren, Kulissen und Publikumsreaktionen unterstützt bzw. geleitet. Anders herum könnte man auch sagen: Das statistische Kollektiv ist ebenfalls ein konkreter Akteur, schließlich bewirkt es Handlungen. Gehören wir zum Beispiel zu einer gesundheitlichen Risikogruppe, so werden wir unser Schicksal durch entsprechende Präventionsmaßnahmen zu beeinflussen versuchen. Wir gehen dann zum Beispiel joggen, obwohl wir es eigentlich langweilig finden.

In diesem Sinne sind auch Dinge oder Artefakte Akteure, denn sie machen einen Unterschied: Man kann einen Nagel nicht ohne Hammer einschlagen. Das heißt nicht, dass der Hammer das Einschlagen von Nägeln erzwingt (man kann ihn anders benutzen oder auch ignorieren). Es geht eher um ein »Nahelegen«, »Ermutigen« oder auch »Verhindern« bestimmter Handlungen. Dinge handeln also nicht autonom oder anstelle der Menschen, doch sind sie an Handlungsverläufen beteiligt (Latour 2007: 122 ff.). Die Absicht, einen Nagel einzuschlagen, etwa setzt einen Handlungsprozess in Gang, in dem Soziales und Materielles beteiligt sind (Werkzeug, Energieerhaltungsgesetz usw.). So bestehen Handlungen gewissermaßen aus Zickzack-Verläufen zwischen Menschen und Objekten und nicht nur zwischen Menschen und Menschen.

Objekte sind nicht immer sozial, aber sie werden sozial, wenn sie soziale Bindungen mitgestalten. Beispiel Straßenschwelle: Man kann aufgrund moralischer Motivation handeln (»hier ist eine gefährliche Stelle«) oder aus materiellen Gründen (»ich muss bremsen, um nicht das Auto zu ruinieren«). Beide Aspekte sind gleichermaßen legitim; entscheidend ist, dass wir das Handeln als objektvermittelt verstehen. Sprich: Objekte sind, so sagt es Latour (ebd.: 125), »vollgültige Akteure«. In der eigensinnigen und recht wechselhaften Terminologie der ANT ist auch von Aktanten die Rede. Ein Aktant ist sozusagen der Kreuzungspunkt aller relevanten Elemente, die ein Handeln bewirken. Aktanten können etwas Konkretes sein (ein Individuum oder eine Körperschaft) oder etwas Abstraktes (eine Nation, eine Ideologie). Im Begriff des Aktanten liegt die Betonung darauf, dass Akteure eben nicht in Eigenregie Handlungen bewerkstelligen, dass Handlungen auch nicht Resultat individueller Willensäußerungen sind, sondern vielmehr durch eine Vielzahl von Kräften und Elementen bewirkt werden.

Der Begriff Akteur impliziert Intentionalität und einen Ursprung allen Handelns. Damit liefert er ein falsches Bild von der Welt, und es läge eigentlich nahe, ihn aufzugeben. Andererseits hat sich der »Akteur« im Titel der ANT verewigt, so dass er sich nur schwer abschütteln lässt. Festzuhalten bleibt: Der Akteur, das scheinbar Identische, ist Resultat von Übersetzungsprozessen, ein Knotenpunkt von Materialien, biologischen Substanzen, Klischees, Habitus, Ideologie usw. Je mehr »Kontextfaktoren« hinzukommen, desto reicher ist der Akteur, desto größer sein Repertoire. Kurzum, was wir leichthin »Akteur« nennen, ist eigentlich ein Netzwerk. Der Akteur, schreibt Latour (ebd.: 374 f.), ist eine Resultante von Kräften, er hat »eine sternförmige Gestalt [...]. Somit ist ein Akteur-Netzwerk das, was zum Handeln gebracht wird durch ein großes sternförmiges Geflecht von Mittlern, die in es und aus ihm herausströmen. Es wird durch seine vielen Bande zum Existieren gebracht.«

Worauf Latour besonderen Wert legt, ist die empirische Nachvollziehbarkeit von Handlungsträgerschaft. Das heißt, Dinge werden nur dann als Akteure kenntlich, wenn sie sichtbare Wirkungen erzeugen. Die Soziologie darf also nicht von verborgenen Akteuren ausgehen (wie zum Beispiel dem Kapitalismus), die sozusagen von der Hinterbühne all das steuern, was sich auf der Vorderbühne, also in der Gesellschaft, abspielt. Stattdessen muss sie immer empirisch sichtbare Träger von sozialen Phänomenen (wie Macht oder Herrschaft) benennen können. Wer dies für fröhlichen Positivismus hält, bekommt von Latour (ebd.: 93) den Gegenvorwurf zu hören, dass die Vorstellung, das soziale Geschehen werde von einem verborgenen Akteur gelenkt, für den es keinen unmittelbaren Existenzbeweis gibt, aus dem Arsenal der Verschwörungstheorien stammt.

Mittlerweile dürfte auch schon deutlich geworden sein, was die ANT unter einem Netzwerk versteht. Der Begriff ist einigermaßen missverständlich, weil er im Alltagsgebrauch ganz andere Vorstellungen transportiert. Normalerweise denken wir an technische Netzwerke, also Infrastrukturen wie die Eisenbahn, das Internet oder die Kanalisation. In der Organisationssoziologie werden informelle Handlungsgeflechte als Netzwerke bezeichnet. In der ANT hingegen sind Netzwerke etwas viel Abstrakteres, nämlich ein Resultat von Übersetzungsleistungen. Im Prozess der Übersetzung werden die Identitäten, Zuständigkeiten und Handlungsträgerschaften von Akteuren ausgehandelt bzw. transformiert (Callon 2006). Übersetzungen sind also Verknüpfungen, die eine Veränderung bewirken. Netzwerke sind das Ergebnis dieser Verknüpfungen, also die Versammlung heterogener Akteure, die gemeinsam handlungswirksam sind.

Das Credo der ANT lautet: Man kann alles (und nicht nur die Infrastruktur) als Netzwerk verstehen, also zum Beispiel Gesetzgebungen, ein Fußballspiel oder eine Symphonie. Und erst wenn man dies tut, wird man die Logik, die Tiefe, die Dynamik des Sozialen ausloten können. Dabei sind Netzwerke, wohlgemerkt, nicht so etwas wie der (größere) »Kontext«, in dem die Akteure wirken. Das Verhältnis zwischen Akteur und Netzwerk folgt nicht einer Mikro-Makro-Logik, und es besteht auch keine Hierarchie zwischen beiden. Netzwerke sind, wie gesagt, die Summe der Verbindungen zwischen heterogenen Akteuren, die neue Verbindungen zwischen den lokalen Orten und der Welt herstellen. Dabei denkt Latour wohl in erster Linie an die Macht der Wissenschaft, auf Basis lokaler Experimente global gültige Tatsachen zu schaffen (siehe Pasteur). Und daran wird erneut deutlich, dass sich die Statik der ANT dem Geist der Wissenschaftsforschung verdankt.

Was lässt sich mithilfe dieser neuen Soziologie analysieren? Vom Selbstanspruch her eigentlich alles, doch Latours eigene Beispiele machen die besondere Fruchtbarkeit der ANT für die Analyse der Technik deutlich. Denn hier schafft sie es eindrucksvoll, den traditionsreichen, aber unfruchtbaren Gegensatz zwischen technischem und sozialem Determinismus zu überwinden. Was soll das heißen? Den Technikdeterminismus finden wir in der Technikphilosophie à la Heidegger; hier gilt die Technik als eine Wesenheit eigener Art, sie enthält quasi ein eigenes, vom sozialen Kontext unbeeinflussbares Handlungsprogramm. Eine eher soziologische Sichtweise hingegen geht davon aus, dass die Technik nur ein Werkzeug, ein neutrales Medium für x-beliebige Zwecke ist. Was die Technik ist, bestimmt also der soziale Kontext.

Latour überträgt diese beiden Perspektiven auf die Kontroverse um den freien Waffenverkauf in den USA (vgl. Latour 2000: 214 ff.). Während die Befürworter strengerer Waffengesetze der philosophischen Sichtweise zuneigen (»Feuerwaffen töten Menschen«), argumentiert die National Rifle Association eher soziologisch (»die Waffe tut nichts«). Während letztere Position die Unschuld der Technik beteuert, sieht erstere die Quelle allen Übels in der Technik. Aber wer oder was ist nun eigentlich für den Akt des Tötens verantwortlich, fragt Latour. Wer, anders gefragt, ist der relevante Akteur?

Weder die Waffe allein noch der Bürger, lautet die Antwort, sondern etwas Drittes, nämlich die auf zwei Akteure verteilte Handlungsträgerschaft, also eine »Bürger-Waffe« oder ein »Waffen-Bürger«, wie Latour (ebd.: 218) schreibt. »Mit der Waffe in der Hand bist du ein anderer Mensch [...], und auch die Waffe ist in deiner Hand nicht mehr dieselbe. Du bist ein anderes Subjekt, weil du die Waffe hältst; die Waffe ist ein anderes Objekt, weil sie eine Beziehung zu dir unterhält.« Die Waffe in der Hand einer Person ist nicht mehr die alte Waffe im Schrank, und der harmlose Bürger wandelt sich mit der Pistole in der Hand womöglich zum gewalttätigen Rächer.

Aber das ist streng genommen noch nicht alles. Wenn man dem Bild der ANT folgt, handeln in diesem Fall nicht einfach nur zwei Akteure. Erforderlich für den Vorgang des Schießens sind außerdem physikalische Gesetzmäßigkeiten (Energieerhaltung, Schwerkraft), physiologische Besonderheiten (Fingerkrümmung, ruhiger Atem) oder auch ökonomische (Waffenindustrie) und rechtliche Voraussetzungen (Regulierung des Waffenerwerbs). Kurz gesagt: Es handelt weder einfach der Mensch noch eine als autonom gedachte Technik, sondern ein weitläufiges Akteur-Netzwerk.

Die Dinge zum Singen bringen

Die ANT ist nicht nur eine soziologische Theorie; sie enthält auch eine politische Philosophie, und diese verfolgt eine überraschende Mission, nämlich die partizipative Neuzusammensetzung des Kollektivs. Was versteckt sich dahinter? Das Projekt der Demokratie, argumentiert Latour (2001), bleibt so lange unvollendet, wie wir den stummen

Dingen, also all den Artefakten, Tatsachen und Technologien, mit denen wir zusammenleben, keine Stimme geben. Denn all das, was Gesellschaft ausmacht, muss auch politisch repräsentiert sein, und das sind eben nicht nur Menschen. Wer nur den Menschen eine Stimme gibt und nicht ebenfalls den Dingen, schreibt Latour (ebd.: 100 f.), »begründet keine Demokratie, sondern macht sie nur jeden Tag immer unwahrscheinlicher«.

Diese Form der Demokratiekritik klingt exotisch, ist aber letztlich nur eine konsequente Fortschreibung der ANT. Schließlich lebt die ANT von dem Impuls, den Fetischcharakter aller Tatsachen zu enthüllen, seien es natürliche (Mikroben) oder soziale Tatsachen (Kapitalismus). Erst wenn wir verstehen, dass diese bunte Tatsachenwelt menschengemacht und damit auch veränderbar ist, können (und müssen) wir sie auch zum Gegenstand politischer Verhandlungen machen. Erst wenn wir verstehen, dass unsere Gesellschaft eigentlich ein großes Kollektiv ist, das sich aus menschlichen und nicht-menschlichen Wesen bildet, können (und müssen) wir uns überlegen, wer (oder was) dazugehören soll oder nicht.

Warum ist die Demokratie, wie wir sie kennen, so ungenügend? Weil sie, Latour zufolge, auf einer Zweiteilung basiert: Die Politik bildet die (veränderbare) Welt der Werte; die Natur hingegen umfasst die (unveränderliche) Welt der Tatsachen. Daraus ergibt sich eine klare Arbeitsteilung: Die ihrerseits unbeeinflussbare Natur steckt für die Politik den Rahmen des Vernünftigen, des Machbaren, des Berücksichtigenswerten ab. Problematisch daran ist, dass man auf diese Weise die Natur bzw. die Welt der Tatsachen für objektiv erklärt – und nicht als kontingent, als menschliche

Konvention begreift. Man nimmt also in dieser Welthälfte die Politik aus dem Spiel und behauptet damit implizit, dass Tatsachen jenseits aller Verflechtungen, Verhandlungen und Wertvorstellungen existieren. Die ANT aber drängt darauf, Tatsachen den Schein ihrer Objektivität zu entreißen, sie als Konstruktionen kenntlich zu machen und damit als veränderbar zu begreifen. Nur eine solche Verflüssigung der Tatsachen kann in der Folge zu einer echten Grundsatzdebatte darüber führen, wie wir die Welt einrichten wollen, also konkret: mit welchen Akteuren, Artefakten und Tatsachen wir zusammenleben wollen.

Latour schwebt eine demokratische Abstimmung darüber vor, wer oder was zum Kollektiv gehören soll. Das ist emanzipativ und kritisch gemeint: Dinge, Personen, Entitäten, die bislang keinen Platz im Kollektiv haben, erzeugen auch keine politische Wirkung. Als Beispiel erwähnt Latour jene 8000 Verkehrstoten in Frankreich, die jährlich dem mörderischen Tempo des motorisierten Individualverkehrs zum Opfer fallen. Solange diese Toten keine politische Stimme haben, können sie die Verkehrspolitik nicht beeinflussen. Wir sollten uns also überlegen, wen wir bislang allzu leichtfertig ausgeschlossen haben – aufgrund unseres veralteten Gesellschaftsbegriffs.

Es geht also, kurz gesagt, um die Neuerschaffung der Welt im Rahmen eines partizipativen Prozesses. In einem geordneten Verfahren, dessen Regeln bei Latour allerdings völlig unklar bleiben, sollen wir uns den Kosmos neu zusammenbasteln. Dass man bei dieser gigantischen Aufgabe zu einem einhelligen Ergebnis finden wird, ist kaum vorstellbar. Aber Realpolitik ist nicht die Aufgabe von Latours Parlament der Dinge.

Latour ist Optimist. Er geht fest davon aus, dass das Kollektiv sich im Laufe der Zeit mit ausgeschlossenen Entitäten füllen wird. In dieser Erwartung spiegelt sich die historische Erfahrung: Demokratisierung war immer gleichbedeutend mit gesteigerter Inklusion. Völlig übersehen wird von ihm daher das Problem der Exklusion. Schließlich könnten im Rahmen der kollektiven Neuerschaffung des Kollektivs möglicherweise bestimmte Dinge ausgeschlossen werden, wie zum Beispiel der Klimawandel oder das Coronavirus – weil Tatsachenleugner oder Verschwörungstheoretiker die Meinungsführerschaft haben und die Mehrheit ihnen folgt. Was sollen wir tun, wenn die Genetik, der Laser oder das kopernikanische Weltbild abgewählt werden? Aber natürlich kann sich auch eine erweiterte Inklusion als problematisch erweisen: Bei wem sollen wir uns beschweren, wenn dank des freien Mehrheitswillens unser Kollektiv plötzlich von Hexen, UFOs oder Ariern bevölkert wird? Letztlich vertraut Latour darauf, dass in den öffentlichen Verhandlungen die Vernunft siegen wird. Andernfalls müsste ihm sein eigener Vorschlag Angst machen.

»Die Dinge singen hör ich so gern«, heißt es in einem der frühen Gedichte von Rilke, und was der Lyriker damit bereits um die Jahrhundertwende zum Ausdruck bringt, beschreibt im Kern auch Latours Problem: Die wissenschaftlich-begriffliche Durchdringung und Erfassung der Welt macht die Dinge starr und stumm, und so verwandelt sich die wunderbare Welt zu einer Ansammlung glanzloser Tatsachen und berechenbarer Entitäten. Die Nachgeborenen sind dann gezwungen, in den überlieferten Kulissen der akkumulierten Fakten zu leben – ohne Chance auf einen radikalen Neuanfang.

Im Herzen von Latours politischer Philosophie steckt eine lebensphilosophisch erneuerte Romantik: Wir sollen die Dinge zum Sprechen, zum Klingen bringen und nicht zulassen, dass sie aufgrund unserer falschen Ehrfurcht vor den Klassifikationssystemen der Wissenschaft versteinern. Um uns aus dem Faktengefängnis zu befreien, müssen aus den toten Dingen, die uns Wissenschaft und Technik hinterlassen haben, lebendige Dinge werden. Nur wenn wir die intellektuell verkrustete Welt auseinandernehmen und neu zusammensetzen, können wir wirklich frei sein.

Die geltende Ordnung versteht Latour also nicht als eine Ansammlung institutioneller Formen, innerhalb derer sich Autonomie und Freiheit verwirklichen lassen (siehe Kapitel 5). Sie gilt ihm schlicht als Gegenspieler der individuellen Freiheit. Deshalb erscheinen Institutionen wie die Wissenschaft oder der Kapitalismus durchwegs als Trugbilder oder Herrschaftsorgane. Folglich kann Latour kompromisslos Partei ergreifen für eine Öffnung des Diskurses, für Partizipation, für Pluralismus und Dissens. So führt ihn ein anarchistisch gefärbter Freiheitsbegriff zu einer kritiklosen Idealisierung radikaler Demokratie.

Auch wenn die politischen Schlussfolgerungen aus Latours Verflüssigungsphilosophie etwas suspekt erscheinen mögen: Was die ANT vor allen anderen Theorien auszeichnet, ist die Radikalität, mit der sie dem traditionellen Weltbild der Soziologie zu Leibe rückt. Sie zwingt dazu, über grundlegende Kategorien wie das Soziale, den Akteur oder Repräsentation neu nachzudenken. Sie erinnert uns daran, dass jene Abgrenzungen und Unterscheidungen, mithilfe derer wir uns die Welt einrichten und erklären, keineswegs so stabil und plausibel sind, wie wir oft glauben. In ihrer

Begeisterung für Entgrenzung und Vermittlung, in ihrem Engagement für die Anerkennung von Mischwesen aus Kultur und Natur (»Hybride«) und für Versammlungen des Ungleichartigen (»Assemblage«) bringt sie ein entschiedenes Misstrauen gegenüber der Ordnung schaffenden Moderne zum Ausdruck (siehe Kapitel 6). Sie bietet damit nicht zuletzt Anschlussstellen an eine breite Theorieströmung, die eine ähnliche Kritik mit Blick auf die Geschlechterverhältnisse formuliert und uns nun in ihrer Vielfältigkeit beschäftigen soll: die feministischen Sozialtheorien.

9 Feministische Sozialtheorien

Der Feminismus gehört – wie der Marxismus – zu jenen politischen Strömungen, die auch theoriebildend geworden sind. Zwar hat der Feminismus keine einheitliche Theorie hervorgebracht, sondern eine bunte Vielzahl an Theorien, die ganz unterschiedlichen Begrifflichkeiten, Paradigmen und Perspektiven folgen. Doch jenseits aller Differenz gibt es ein gemeinsames Motiv, und das besteht in der Kritik an den patriarchal geprägten Macht- und Herrschaftsverhältnissen. Eine Reihe feministischer Ansätze hat dies in große Nähe zur Kritischen Theorie gebracht (siehe Kapitel 4). Dieser Tradition folgend geht es in erster Linie um Kritik an jenen sozialen Verhältnissen, die Frauen diskriminieren oder deklassieren, also um die Kritik an geschlechtsspezifischer Arbeitsteilung, an der ungleichen Verteilung von Sorgelasten oder auch am repressiven Charakter des scheinbar rein Privaten.

Besondere Resonanz – weit über die akademische Welt hinaus – erzeugen jene feministischen Theorien, die die Kategorie des Geschlechts ganz grundsätzlich problematisieren und eine Überwindung unserer gängigen Geschlechterordnung in Angriff nehmen. Sie fragen: Wie kommt es dazu, dass uns die Kategorien von Mann und Frau so natürlich vorkommen wie die Kategorien von Raum und Zeit oder Ursache und Wirkung? Welche Vorurteile und Ideologien verbinden sich mit der Klassifikation von Menschen als Männer und Frauen? Und welche sozialen Folgen ergeben sich daraus (z. B. Diskriminierung oder die Marginalisierung anderer Identitäten)?

Theorien, die uns ein derart grundsätzliches Reflexionsprogramm verordnen, werden in der Soziologie unter der Rubrik Sozialtheorie geführt, das hatten wir eingangs schon gehört (siehe Kapitel 1). Feministische Sozialtheorien bereichern also die Soziologie, indem sie die gängige Geschlechterdifferenz als Kristallisation sozialer Strukturbildung vorführen, die Ungleichheit, Exklusion und Hierarchien auf Dauer stellt. Dreh- und Angelpunkt dieser Sozialtheorien ist die Überzeugung, dass Geschlecht nicht etwas natürlich Gegebenes, sondern etwas kulturell Erzeugtes ist. Diese Einsicht mag heute fast schon zu den soziologischen Gemeinplätzen zählen. Produktiv gemacht wurde sie von Autorinnen, die gar nicht aus der Soziologie stammen, wie zum Beispiel Simone de Beauvoir (Philosophie), Luce Irigaray (Psychoanalyse), Julia Kristeva (Linguistik), Sandra Harding (Philosophie), Donna Haraway (Wissenschaftsforschung), Judith Butler (Literaturwissenschaft) oder Sally Haslanger (Philosophie).

Die Abschaffung von Mann und Frau

»Teil des feministischen Projekts ist [es], darauf hinzuarbeiten, dass es eines Tages keine Frauen […] mehr gibt.« Das sagt die US-amerikanische Philosophin SALLY HASLANGER (geb. 1955), was natürlich einschließt, dass es dann auch keine Männer mehr geben wird, weil beide Kategorien elementar füreinander sind. Die Abschaffung von Mann und Frau also. Ist das ein emanzipatives Projekt? Sollte sich eine kritische Sozialtheorie für die Überwindung von Kategorien engagieren, die für den gesunden Menschenverstand zum Leben gehören wie die Luft zum Atmen? Die uns Orientierung, Halt und Sicherheit geben und die Identität der allermeisten Menschen bestimmen?

Die oben zitierte Textpassage (vgl. Haslanger 2021: 92) entfaltet ihre kalkulierte Schockwirkung aufgrund unserer Denkgewohnheiten: Wir unterscheiden Männer und Frauen in aller Regel anhand ihres biologischen Geschlechts (Sex), also auf Basis einer Naturtatsache. Alle Strömungen des Feminismus sind sich einig, dass dies zu kurz greift. Der Begriff Gender wurde eingeführt, um zu verdeutlichen, dass das »Frau-Sein« kein biologisches Schicksal ist, sondern Ergebnis einer ideologisch erzwungenen Rollenübernahme, die sich durch Erziehung und Sozialisation vollzieht. Gender ist das soziale Geschlecht, so lautet die einschlägige Formel, also das, was der biologischen Natur (Sex) eine soziale Bedeutung gibt. Diese – auf dem Dogma der Zweigeschlechtlichkeit basierende – Entgegensetzung von Sex und Gender ist in der Zwischenzeit selbst wieder unter Druck geraten, aber dazu kommen wir später noch.

Haslangers Beschäftigung mit der Frage, was eigentlich Gender ist oder ausmacht, klingt zwar nach reiner Philosophie, ist aber kein Selbstzweck. Vielmehr will sie diesen geläufigen Begriff neu definieren, damit er für den Kampf um Geschlechtergerechtigkeit wirksam werden kann. Zu diesem Zweck muss »Gender« die Unterdrückung von Frauen skandalisieren können, konkret: deren untergeordnete Stellung in der Sozialstruktur. Dreh- und Angelpunkt für die Gender-Kategorie ist also die soziale Position von Personen, nicht aber deren biologische oder psychologische Eigenheiten. Damit vertritt Haslanger einen materialistischen Feminismus. Im Mittelpunkt der Gender-Definition stehen nicht Sprache, Bedeutung und Kultur, sondern die materielle Lebensrealität der Frauen.

Frauen sind für Haslanger jene Menschen, die (im Vergleich zu den Männern) sozial untergeordnet sind und deren Benachteiligung mit Verweis auf biologische Eigenheiten gerechtfertigt wird. Die Grundidee lautet also, »dass Frauen unterdrückt werden und dass sie *als Frauen* unterdrückt werden.« (Haslanger 2021: 79) Als Frauen – das heißt, dass reale oder angenommene Körpereigenschaften als Begründung für Benachteiligungen herangezogen werden. Voraussetzung dafür ist natürlich, dass bestimmte Eigenschaften überhaupt als sozial bedeutungsvoll angesehen werden. Als bedeutungsvoll gelten in unserer Gesellschaft jene Eigenschaften, die Frauen gegenüber den Männern in eine unterlegene Position bringen.

Das heißt, mit der Benachteiligung von Frauen bestätigt sich die männliche Herrschaft in ihren eigenen Vorurteilen: Zuerst wird den Frauen durch die herrschende Geschlechterideologie eine untergeordnete Position zugewiesen, und dann wird diese Unterordnung als Ausdruck ihrer natürlichen Minderwertigkeit gelesen. Haslanger (ebd.: 11) nennt das den »Looping-Effekt«: Auf Basis unserer Überzeugungen erschaffen wir eine Welt, die dann so eingerichtet ist, dass sie unsere Überzeugungen (oder besser: Vorurteile) bestätigt. Ein Alltagsbeispiel: Wir bauen schwere Geräte, weil wir die Technik für eine Männersache halten. Wenn dann nur Männer mit diesen Geräten hantieren (können), schließen wir daraus, dass Frauen und Technik einfach nicht zusammenpassen.

Versteht man Gender als soziale Klasse, als ein Verhältnis der Über- und Unterordnung, ergeben sich interessante

Konsequenzen. Zum einen hängt es nicht mehr von der Selbsteinschätzung der Individuen ab, ob sie Frauen oder Männer sind. Die Männer bilden die Gruppe der Privilegierten. Frauen sind definitionsgemäß all jene, die aufgrund der ihnen zugeschriebenen physischen Merkmale unterdrückt werden. Alle »Frauen« hingegen, die privilegiert sind, gelten nicht als Frauen. Das heißt, in dieser feministischen Theorie werden bestimmte Frauen marginalisiert, aber das, so argumentiert Haslanger, muss man in Kauf nehmen, wenn man für die feministischen Werte kämpft. Doch wer legt fest, was als Unterdrückung gilt? Wie viel Unterdrückung ist erforderlich, um zur Gruppe der Frauen zu zählen? Und gibt es tatsächlich (privilegierte) Frauen, die in keiner Weise unterdrückt werden? Diese Fragen lässt Haslanger offen. Damit bleibt die normative Grundlage ihrer Theorie etwas wackelig, was an die Probleme der frühen Kritischen Theorie erinnert (siehe Kapitel 4).

Haslangers Gender-Theorie lässt sich auch in antirassistischer Absicht verwenden. Schließlich funktioniert ihrer Meinung nach die auf »Rasse« gemünzte Abwertung der Anderen genauso wie im Fall von Gender. Bei »Rasse« handelt es sich ebenfalls um eine soziale Kategorie (oder Konstruktion) und nicht um eine biologische Tatsache. Aufgrund der historischen Erfahrungen mit der Rassenhygiene im Dritten Reich gilt der Begriff hierzulande – anders als zum Beispiel in den Vereinigten Staaten – sogar als gefährliche Illusion. Deshalb erscheint dieser Begriff, wenn überhaupt, in Anführungszeichen oder, etwas verschämt, in der englischen Version (*race*). Die einer »Rasse« Zugerechneten, also eine rassifizierte Gruppe, besteht aus Menschen, die unterdrückt oder privilegiert sind, wobei ihre unterschiedliche Behandlung durch Verweis auf geographisch markierte Körpermerkmale (Hautfarbe, Haartyp, Körperbau usw.) gerechtfertigt wird (Haslanger 2021: 87 ff.). Im Kern zielt der »Rasse«-Diskurs also, nicht anders als der Gender-Diskurs, auf die Legitimation sozialer Hierarchie. Es geht um die Abwertung (oder Überhöhung) von Gruppen, denen aufgrund ihrer Hautfarbe (*people of color*) bestimmte Eigenschaften, Denkweisen und Verhaltensmuster unterstellt werden (Miles 1991). Dabei unterliegen die Inhalte des »Rasse«-Diskurses historischen Trends: Während Schwarze, Lateinamerikaner und Leute aus Asien in den USA heute rassifiziert werden, gilt dies nicht (mehr) für Deutsche oder Menschen aus der Schweiz.

Was schließen wir aus all dem? Zunächst: Gender und »Rasse« (zusammen mit ihren physiologischen Korrelaten *sex* und *color*) dienen in *gleicher* Weise der Legitimation *unterschiedlicher* Formen von Unterdrückung (oder Herrschaft). Soziale Ungleichheit wird damit als ein Zusammenwirken unterschiedlicher Diskriminierungsformen entzifferbar. Gender und »Rasse« spielen dabei eine zentrale Rolle, aber auch andere soziale Kategorien wie Klasse, Generation oder Gesundheit. Die individuelle Erfahrung von Unterdrückung ergibt sich aus der Vielzahl sich überkreuzender (engl. *intersecting*) Diskriminierungsformen. Das ist es, was heute unter dem Begriff der Intersektionalität verhandelt wird. Der Kampf gegen Ungerechtigkeit und Ungleichheit ist ein Kampf an vielen Fronten.

Das politische Ziel ist freilich klar: »Wir sollten es ablehnen, dem *gender* nach ein Mann oder eine Frau zu sein, wir sollten es ablehnen, rassifiziert zu werden.« (Haslanger 2021: 97) Wir sollten unsere Identität nicht von jenen Klassifizierungen abhängig machen, die uns zur Selbstunterwerfung oder zum Herrschen zwingen. Echte Emanzipation wäre also nichts anderes als die Abschaffung von Mann und Frau. Aber dies würde eine ganz andere Gesellschaft erfordern. Eine solche, herrschaftsfreie Gesellschaft ist heute nicht in Sicht, und die materialistische Gender-Theorie macht eigentlich auch wenig Hoffnung darauf. Schließlich zeigt sie am Beispiel von »Rasse« und Gender, dass Unterdrückung viele Gesichter hat und daher individuell ganz unterschiedlich erlebt wird. Dies erschwert eine wirksame Politisierung sozialer Ungleichheit.

Das Unbehagen am Feminismus

Die Frauenbewegung, nicht anders als die Arbeiterbewegung oder die *Black Lives Matter*-Bewegung, lebt von klarer Programmatik und innerer Einheit. Um Benachteiligung und soziale Ungleichheit wirksam zu bekämpfen, müssen sich die Frauen als großes Kollektiv mit gemeinsamen Interessen verstehen. Frauen müssen ein Wir-Gefühl entwickeln, dann lässt sich die männliche dominierte Welt aus den Angeln heben. Die Bewusstwerdung der Frauen *als Frauen* ist daher ein wichtiges Ziel feministischer Theorie. Dass weibliche Identitätspolitik nicht in Mythologie zurückfallen darf (»die Natur der Frau«), hat der Feminismus früh erkannt. Frau-Sein ist kein biologisches Schicksal, sondern eine kulturelle Zuschreibung, so hat es die französische Philosophin Simone de Beauvoir (1908–1986) in ihrem berühmten Buch über *Das andere Geschlecht* formuliert: »Man kommt nicht als Frau zur Welt, man wird es.

Keine biologische, psychische oder ökonomische Bestimmung legt die Gestalt fest, die der weibliche Mensch in der Gesellschaft annimmt. Die gesamte Zivilisation bringt dieses als weiblich qualifizierte Zwischenprodukt zwischen dem Mann und dem Kastraten hervor.« (Beauvoir 2014: 334)

Der US-amerikanischen Philosophin JUDITH BUTLER (geb. 1956) geht diese Kritik nicht weit genug. Ihre feste Überzeugung lautet, dass wirkliche Emanzipation nur dann möglich ist, wenn der Feminismus gerade nicht auf eine einheitliche weibliche Identität setzt, sondern das herrschende Identitätsdenken als Instrument männlicher Herrschaft entlarvt. Schließlich legt selbst eine feministische Identitätspolitik, die auf dem alten Geschlechterdualismus basiert, die Frauen immer noch auf jene gesellschaftlichen Erwartungen und Normen fest, die im Rahmen institutionalisierter Heterosexualität und Geschlechterhierarchie wirksam sind. Der Feminismus verpasst es auf diese Weise, jene Kategorien zu transzendieren, in denen wir unsere Geschlechtsidentität begreifen.

Welche Kategorien sind das? Es sind die Kategorien von Sex, Gender und Sexualität bzw. sexuellem Begehren. Das große Problem besteht in der landläufigen Annahme, dass es einen bruchlosen Zusammenhang zwischen diesen Kategorien gibt. Dies nährt die Illusion einer einheitlichen Identität. Die Argumentation von Butler lautet: Nach geltender Ideologie haben wir nur dann eine Chance auf eine kohärente Identität, wenn sich unsere Geschlechtsidentität (Gender) aus dem biologischen Geschlecht (Sex) herleitet und außerdem unsere sexuellen Praktiken unserer Geschlechtsidentität folgen. Konkret heißt das: Weil wir in biologischer Hinsicht entweder Mann oder Frau sind, haben wir eine klare Geschlechtsidentität, und diese bringen wir in authentischer Weise durch unser sexuelles Begehren zum Ausdruck. Geschlechtsidentitäten, die sich diesem »System der Zwangsheterosexualität« (Butler 1991: 39) entziehen, gelten als abnorm, defizitär und »inkohärent«. All jene freilich, die sich in unserer Gesellschaft über ihre kohärente Identität freuen, übersehen, dass sich dieses Glück nicht dem authentischen Ausdruck tiefliegender individueller Bedürfnisse verdankt, sondern vielmehr der binären Regulierung der Sexualität und politischer Disziplinierung (z. B. in Gestalt des Ehe- und Familienrechts).

Dem herrschenden Identitätsdenken zufolge bringt die Identität das Wesen eines Menschen oder einer Gruppe zum Ausdruck. Identität wird als Ausdruck eines wahren Selbst verstanden und damit naturalisiert. Wenn wir hingegen Butler folgen, ist Geschlechtsidentität performativ, nicht expressiv. Das heißt, Identität bringt keine innere Natur zum Ausdruck, sondern wird durch wiederholte Darbietungen hergestellt. Unsere kulturell geprägten Darstellungen von Geschlechtsidentität erzeugen also unsere Identität bzw. bringen die Idee einer Geschlechtsidentität überhaupt erst hervor. »Ohne diese Akte gäbe es keine Geschlechtsidentität.« (ebd.: 205) Geschlechtsidentität ist also das, was wir durch Gesten, Habitus, Körpersprache produzieren. Wir aber – aufgrund unserer falschen Vorstellung von Identität – glauben, dass es umgekehrt ist: dass unsere Gender-Praktiken, unsere Darstellungen von Männlich- oder Weiblichkeit einer vorgängigen Identität entsprechen. Kurzum: Identität ist nicht der Ursprung, sondern ein Effekt unserer Ausübung von Geschlechterrollen.

Wenn Identität etwas Hergestelltes, Performatives ist,

kann es nicht verzerrt, falsch oder richtig (authentisch) zum Ausdruck gebracht werden. Diese Einsicht eröffnet die Perspektive für subversive Strategien gegen die Zumutungen des Identitätszwangs. Butler empfiehlt, durch Gender-Parodie und Travestie die herrschenden Geschlechternormen zu karikieren. »Die parodistische Vervielfältigung der Identitäten nimmt der hegemonialen Kultur und ihren Kritiken den Anspruch auf naturalisierte oder wesenhafte geschlechtlich bestimmte Identitäten.« (ebd.: 203) In der Praxis heißt das: Das gezielte Verfehlen einer »stimmigen« Darstellung von Männlichkeit bzw. Weiblichkeit soll die Identitäten vervielfältigen und verändern. Was fälschlich als Einheit (Sex, Gender, Performanz) verstanden wird, erscheint durch die Travestie als Stückwerk – die scheinbar festgefügten Kategorien brechen auf und ihre feste, organische Verknüpfung gibt sich als Konstruktion zu erkennen.

Das gilt explizit auch für die Kategorie Sex; auch Sex ist eine »kulturell generierte Geschlechter-Kategorie« (ebd.: 24), nicht nur Gender. Das heißt, auch das scheinbar Natürliche, das scheinbar bloß Materielle, Körperliche, ist in Wirklichkeit ein diskursives Produkt. Folglich ist die Unterscheidung zwischen Sex und Gender, die sich selbst als fortschrittlich versteht, auch nur Ideologie: Der Körper erscheint darin als geschichtslose Tatsache, als passiv, und die Identität als Produkt der Kultur, die dem Körper sozusagen nachträglich eine Bedeutung verleiht. Damit spiegelt sich in der Sex/Gender-Differenz die alte Unterscheidung von (weiblicher) Natur und (männlicher) Kultur, von Geist und Materie.

Nicht falsch verstehen: Natürlich gibt es Hormone und Chromosomen, es gibt primäre und sekundäre Geschlechtsmerkmale. Aber dass sich aus diesen biologisch-anatomischen Zutaten eine binäre Geschlechterordnung entwickelt, liegt nicht in den Fakten selbst begründet, sondern im wissenschaftlich-männlichen Blick auf diese Fakten. Das heißt, die scharfe Unterscheidung zwischen Sex und Gender (auch und gerade im Feminismus) ist ein Missverständnis, denn beide sind kulturelle Konstrukte. Und damit natürlich auch problematisch: Während sich mit Blick auf Gender das Problem stellt, wie die Frau durch die Zuschreibung einer Frauenrolle verdinglicht wird, fragt sich im Hinblick auf Sex, was in unserer Kultur mit welchem Ziel zur Natur erklärt wird.

Du wirst als Frau geboren – so lauteten im Kern immer schon alle Versuche, mit Verweis auf die Natur der Frau deren Benachteiligung und Unterdrückung zu rechtfertigten. Du wirst zur Frau gemacht, entgegnete der Feminismus und brachte damit zum Ausdruck, dass Frau-Sein ein kulturelles Schicksal ist. Das war ein Quantensprung, und ist trotzdem in den Augen Butlers zu kurz gedacht. Denn nach wie vor konnten Frauen ihrer weiblichen Geschlechtsidentität nicht entkommen, auch wenn diese – dank feministischer Politik – in ganz verschiedenen Formen gelebt werden konnte. Doch es gibt nicht nur zwei, sondern viel mehr Geschlechtsidentitäten, argumentiert Butler, und diese Identitäten sind keineswegs kohärent: Wie wir aussehen, auftreten und wen wir begehren – all das muss nicht aus einem Guss sein und kann sich ständig ändern.

Dieser Tatsache können wir in der Theorie jedoch nur dann gerecht werden, wenn wir den alten Geschlechterdualismus über Bord werfen. Es gibt kein biologisches Geschlecht, das unserer Geschlechtsidentität vorausgeht und diese daher bestimmt. Es gibt auch kein kulturelles Geschlecht, das unsere Identität festlegen könnte. Sex und Gender sind nichts anderes als Konstrukte, um die Unterdrückung der Frauen und all jener, die sich der Norm der Zweigeschlechtlichkeit nicht unterwerfen wollen, zu legitimieren. Mit ihrer Theorie macht Butler (ebd.: 61) darum »den Versuch, gleichsam durch die Möglichkeit hindurch zu denken, die naturalisierten und verdinglichten Begriffe der Geschlechtsidentität, die die männliche Hegemonie und heterosexistische Macht stützen, zu subvertieren und zu verschieben. Das heißt, es geht um den Versuch, zur Geschlechter-Verwirrung anzustiften.«

Die Anstiftung zur Geschlechter-Verwirrung ist der Kern einer neuen Gender-Politik: Es geht um die Anerkennung der Vielfalt von Geschlechtsidentitäten, sei es in hetero-, homo- oder bisexuellen Zusammenhängen. Diese Vielfalt wird längst gelebt, was jedoch von einem Feminismus, der dem herrschenden Identitätsdenken folgt, nicht angemessen gewürdigt werden kann. Butlers großes Problem ist also der enge Zusammenhang von Normierung und Exklusion. Eine Gesellschaft, die in vielerlei Hinsicht auf Differenz und Vielfalt setzt, pocht in Sachen Sexualität auf Einheit und Gleichförmigkeit. Butler geht es darum, diese stabile Ordnung der heterosexuell konstruierten Geschlechteridentitäten nachhaltig zu erschüttern und ausgeschlossenen Identitäten zu ihrem Recht zu verhelfen. Es geht nicht darum, den Begriff der Identität zu überwinden. Ganz im Gegenteil, könnte man fast sagen, denn Butlers Kritik des feministischen Identitätskonzepts im Namen von Vielfalt und Fluidität führt – wie wir heute sehen – zu einer Entfesselung der Identitätspolitik.

Die Raffinesse der männlichen Herrschaft

Eine andere, instruktive Kritik männlicher Herrschaft stammt von dem einflussreichen französischen Soziologen PIERRE BOURDIEU (1930–2002). Bourdieu ist als empirisch arbeitender Kultursoziologe berühmt geworden, der vor allem mit seinem Werk über *Die feinen Unterschiede* aus dem Jahr 1979 das Fach nachhaltig geprägt hat. Mit seiner Differenzierung von Kapitalsorten (ökonomisches, soziales, kulturelles Kapital), die unsere Klassenlage prägen, ist er genauso einflussreich geworden wie mit seinem Habitus-Begriff oder seiner – an Luhmann (siehe Kapitel 7) erinnernden – Feldtheorie.

Dass Bourdieu nun im Kontext feministischer Theoriebildung verhandelt wird, verdankt sich keiner Geringschätzung seiner Kultursoziologie. Im Gegenteil, seine Kritik der männlichen Herrschaft macht gerade die Fruchtbarkeit seines Habitus-Konzepts deutlich – und führt sein Denken in gedrängter Form, gleichsam wie in einer Nussschale, vor. In empirischer Hinsicht geht es Bourdieu also um die männliche Herrschaft, doch der Mehrwert seiner Analyse ergibt sich daraus, dass er in relativ übersichtlicher Form darstellt, welche überraschenden Einsichten sich mithilfe seines theoretischen Ansatzes gewinnen lassen (Bourdieu 2005).

Sein Kernargument lautet, dass sich die bestehende Ordnung mitsamt ihren Macht- und Herrschaftsverhältnissen deshalb scheinbar so mühelos aufrechterhält, weil sie sich in unsere Körper eingeschrieben hat, weil wir sie verkörpern. Das heißt, wir interpretieren die Welt nicht nur mithilfe von Kategorien und Unterscheidungen, die herrschaftlich überformt sind. Mehr noch, in unserem Auftreten, unserem Erscheinungsbild, unserem Habitus führen wir jeden Tag und in jeder Situation vor, wie sehr uns die gesellschaftlichen Machtverhältnisse in Fleisch und Blut übergegangen sind. Und das heißt mit Blick auf das Gender-Thema: wie sehr wir die Geschlechterstereotype verinnerlicht haben.

Doch der Reihe nach. Bourdieu beginnt zunächst einmal mit einer Kritik der Klassifikationsverhältnisse. Unsere Wahrnehmungsmuster, so argumentiert er, sind herrschaftlich überformt. Das heißt, indem wir Denkkategorien wie Mann und Frau, Subjekt und Objekt, Natur und Gesellschaft usw. anwenden, um die Welt zu verstehen, sind wir bereits in einem Herrschaftszusammenhang verfangen. Die Herrschaft, wenn man so will, stellt Begriffe und Unterscheidungen zur Verfügung, mithilfe derer überhaupt erst ein sinnhafter Aufbau der Wirklichkeit möglich wird. Gleichzeitig jedoch sind die Erkenntnisakte, die diese Begrifflichkeiten ermöglichen, unvermeidlich Akte der Verkennung, das heißt der Anerkennung von Herrschaft und damit der Unterwerfung. Am konkreten Beispiel: Die Frauen interpretieren sich, ihre Rolle und ihre Körperlichkeit auf Basis der Denkkategorien, die die männliche Herrschaft bereitstellt. Sie empfinden sich dann beispielsweise in sexueller Hinsicht als ungenügend, weil sie fraglos von einer bestimmten, männlich geprägten Idealvorstellung ausgehen. Das heißt, jedes Erkennen ist – aufgrund der kritiklosen Übernahme männlicher Ordnungsstrukturen – immer auch ein »Verkennen« von Herrschaft (Bourdieu 2005: 141).

Nun könnte man einwenden: Die Einteilung aller Dinge und Menschen nach bestimmten Gegensätzen ist zwar willkürlich, aber unschuldig. Irgendwie muss man die Welt ja sinnhaft strukturieren. Zweifellos, doch Bourdieu zufolge besteht das Problem darin, dass aus kontingenten Unterscheidungen letztlich natürliche Tatsachen werden, die unterschiedliche Wertigkeiten repräsentieren. Und dies passiert dadurch, dass an und für sich willkürliche Gegensätze (z.B. Mann/Frau) durch die Kombination mit anderen (ebenfalls willkürlichen) Gegensätzen bedeutungsvoll aufgeladen und hierarchisiert werden. Mit etwas Mut zum Soziologiejargon würde man sagen: Die Basisunterscheidung weiblich/männlich ist hinsichtlich ihrer Bedeutung in ein System homologer Gegensätze eingebettet (groß/klein, aktiv/passiv, oben/unten, hart/weich, öffentlich/privat). Und natürlich wissen wir dank unserer Sozialisation ganz genau, welches Attribut erstrebenswert ist und welchem Geschlecht es entspricht, zumindest in der traditionellen Geschlechtertypologie: Der Mann ist größer als die Frau, schwingt in der Öffentlichkeit die großen Reden usw.; Frauen kümmern sich um Haus und Kinder, und wenn sie kleinere Männer haben, werden sie belächelt.

Bis hierher haben wir eine Denkbewegung nachvollzogen, die typisch ist für Bourdieu: Er kombiniert die Suche nach dichotomen Strukturen (Mann/Frau, aktiv/passiv usw.) mit der Suche nach strukturellen Homologien zwischen verschiedenen Bereichen (Raum, Mode, Bewegung usw.). Im Endeffekt wird dabei deutlich, dass die Geschlechterdifferenz in unserer Gesellschaft deshalb als Sinnstiftungs- und Orientierungsmaßstab funktioniert, weil sie mit Attributen aufgeladen ist, die aus ähnlich strukturierten Dichotomien stammen und eine klare Wertigkeit vermitteln. Man »weiß« dann eben, dass der Mann typischerweise die aktive (also höherwertige) Rolle hat, und dies wird dann beispielsweise auch durch die Mode unterstrichen. Der Mann trägt es gern lässig, die Frau züchtig.

Der besondere Clou an Bourdieus Machttheorie besteht darin, dass er nicht bei einer Kritik der Denkverhältnisse stehen bleibt. Vielmehr führt er in einem zweiten Schritt vor, dass sich die (männliche) Herrschaft in den Körpern repräsentiert. Erst die »Somatisierung der gesellschaftlichen Herrschaftsverhältnisse« (Bourdieu 2005: 45) hat zur Folge, dass uns die Herrschaft zur zweiten Natur wird. Anders gesagt: Weil wir so leben, uns so kleiden und bewegen, wie wir denken und deuten, tragen wir maßgeblich zur Festigung der bestehenden Ordnung bei – ob uns dies persönlich von Vorteil ist oder nicht. Worauf Bourdieu also hinweist, ist die Tatsache, dass sich Herrschaft auch in Gesten, Blicken, Redeweisen, Körperhaltungen, kurz: in unserem Habitus ausprägt. Dieser Habitus ist nicht etwas rein Individuelles, sondern er ist sozialer Natur, also geschlechtsspezifisch, klassenförmig, bildungsabhängig.

Mit Blick auf die männliche Herrschaft heißt das: Sowie sich ein männlicher bzw. weiblicher Habitus ausgeprägt hat, verblasst der Konstruktionscharakter der Herrschaftsverhältnisse. Herrschaft erscheint nicht länger als Ergebnis einer willkürlichen Klassifikation (Dichotomisierung) und Hierarchisierung, sondern als natürliche Differenz, die sich in Kleidung, Haartracht, Kommunikation usw. offenbart. Im Auftreten und Benehmen der Personen kommt dann quasi ihre »wahre Natur« zum Ausdruck. Was die Frauen tun und repräsentieren, gilt damit als Ausdruck ihrer (minderwertigen) Natur, nicht als Produkt einer gesellschaftlichen Zuweisung. So erscheint männliche Herrschaft als legitim und naturnotwendig, weil Frauen eben klein, schwach, gehemmt und vor allem Objekte sind, die ihren Wert aus der Nähe zum mächtigen Mann erhalten. Damit ist die Naturalisierung der Herrschaft perfekt.

Gibt es einen Ausweg aus diesen komplizierten, verkörperlichten Machtverhältnissen? Wir ahnen es: Jede Herrschaft, die sich auf den Habitus stützt, ist schwer zu bekämpfen. Denn Wille oder Bewusstsein allein reichen in diesem Kampf nicht aus. Schließlich ist der Habitus ja so etwas wie die Verkörperung eines gesellschaftlich bedingten, »falschen« Bewusstseins: Frauen werden nicht durch Zwang aus dem öffentlichen Raum ausgeschlossen, sondern sie schließen sich selber aus, »weil es sich so gehört«. Der Ansatzpunkt für die Überwindung der bestehenden Ordnung müsste wohl in einem neuen Körpergefühl, neuen Praktiken oder einem neuen Habitus zu suchen sein, der sich radikal der eingeschliffenen Geschlechtersymbolik entzieht.

Feministische Wissenschaft?

Passen Wissenschaft und Feminismus zusammen? Der Feminismus ist eine politische Bewegung, so haben wir eingangs gehört, die für Gleichberechtigung und soziale Gerechtigkeit kämpft. Die Wissenschaft hingegen folgt dem Ideal der Wertfreiheit und zielt auf Objektivität. Welche Impulse kann der Feminismus der Wissenschaft geben? Das ist eine spannende Frage. Denn sie berührt den Kern der Wissenschaft. Schließlich reicht sie über das (zähe) Problem der angemessenen Repräsentation von Frauen in der

Männerdomäne Wissenschaft weit hinaus. Es geht nämlich darum, inwiefern der Feminismus die Wissenschaft dazu bringen kann, ihren eigenen Ansprüchen besser zu genügen. Lässt sich die Wissenschaft mit Blick auf ihre Denkgrundlagen reformieren oder brauchen wir vielleicht sogar eine neue Wissenschaft? Dreh- und Angelpunkt dieser Diskussion ist das höchste Gut der Wissenschaft: ihre Objektivität.

Objektivität ist das Markenzeichen der modernen Wissenschaft. Objektivität garantiert echte Erkenntnis, weil diese Erkenntnis von allen Merkmalen menschlicher Fehlbarkeit gereinigt ist. »Objektiv sein heißt, auf ein Wissen auszusein, das keine Spuren des Wissenden trägt – ein von Vorurteil oder Geschicklichkeit, Phantasievorstellungen oder Urteil, Wünschen oder Ambitionen unberührtes Wissen. Objektivität ist Blindsehen.« (Daston/Galison 2007: 17) Diese paradoxe Anforderung an die Forschenden, nämlich genau hinzusehen, ohne einen eigenen Blickwinkel einzunehmen, macht deutlich, dass ab einem bestimmten Zeitpunkt (Daston und Galison sagen: ab 1850) der beobachtende Mensch selbst und nicht länger die launische Natur als zentrales Hindernis auf dem Weg zur reinen Erkenntnis verstanden wurde. Die Wissenschaft investiert darum viel Energie, um ihre Wissensproduktion von allen Spuren der Subjektivität zu reinigen.

Im Studium erlernen wir allerhand Methoden, um unsere Subjektivität zu kontrollieren. Die fachgerechte Anwendung dieser Methoden soll sicherstellen, dass wir uns im Forschungsprozess nicht von unseren Intuitionen und Emotionen leiten lassen. Schließlich dreht sich in der Wissenschaft alles darum, spekulative Wahrheitsansprüche auf nachvollziehbare Weise zu beweisen. Der Königsweg zur Wahrheit ist das Experiment. Im Labor, so die landläufige Vorstellung, spricht die (technisch präparierte) Natur zu uns. Im Vergleich dazu befindet man sich mit den gängigen Methoden empirischer Sozialforschung eher auf dem Jakobsweg, weil sich soziale Tatsachen nur über Umwege und in Näherungen erschließen. Schließlich spricht in Umfragen oder Gruppendiskussionen nicht die Gesellschaft zu uns, sondern Akteure mit bestimmten Interessen und Erwartungen. Dies erhöht den Interpretationsaufwand und macht die Sache kompliziert.

Aber das sind Details. Eine bessere Darstellung der Realität zu liefern als alle anderen Formen kognitiver Praxis – das ist der hohe Anspruch aller Wissenschaften. Die besondere Realitätstüchtigkeit der Wissenschaft ergibt sich dadurch, dass jede Aussage vor den Richterstuhl der unbefangenen Vernunft gebracht wird. Wahrheitsansprüche müssen sich rechtfertigen, durch logische Konsistenz bzw. empirische Nachvollziehbarkeit: Was man behauptet, muss man auch beweisen, am besten: zeigen können. Wissenschaft – das ist die Herrschaft der Fakten anstelle einer Herrschaft der Ideologien und fraglosen Autoritäten. Wissenschaft ist von ihrem Anspruch her also nicht nur besonders rational und realistisch, sondern auch antiautoritär und emanzipativ. Kann die moderne Wissenschaft diesen Anspruch erfüllen?

Das ist mehr als fraglich, sagt die US-amerikanische Philosophin SANDRA HARDING (geb. 1935), weil die Wissenschaften »offensichtlich so tief mit westlichen, bürgerlichen und männlich dominierten Zielvorstellungen verbunden sind« (Harding 1991: 7). Die Begrifflichkeiten, Theorien, Methoden und Fragestellungen der Wissenschaft verdanken sich weder bloßem Zufall noch allein den Geistesblitzen großer Genies. Sie verdanken sich vielmehr der Perspektive jener, die in der Wissenschaft bis heute den Ton angeben, nämlich weißen, bürgerlichen, (mittel-)alten Männern. Für die Soziologie lässt sich daraus schließen: Die soziale Welt hat ein verzerrtes, falsches Gesicht, weil die Probleme und Perspektiven von Frauen systematisch ausgespart bleiben. Schließlich war die Wissenschaft über Jahrhunderte ein männliches Projekt.

Die männliche Hegemonie kommt nicht nur in der Arbeitswelt zum Ausdruck, also in der Tatsache, dass die meisten Professoren Männer sind und Frauen in vielen Fächern unterrepräsentiert sind. Sie kommt auch in einer Geschlechtersymbolik zum Tragen, die die wissenschaftliche Gedankenwelt prägt. Auch in der Soziologie beziehen wir uns auf gängige Unterscheidungen zwischen Vernunft und Gefühl, zwischen Geist und Körper, zwischen (passiver, aber feindlicher) Natur und (geschaffener, darum höherwertiger) Kultur; wir sprechen von harten und weichen Daten, von quantitativen und qualitativen Methoden. Das heißt, Unterscheidungen, die eigentlich nichts mit sexueller Differenz zu tun haben, werden durch den Geschlechterdualismus bedeutungsvoll aufgeladen. Wir wissen genau, welche Seite der Unterscheidungen das Männliche bzw. Weibliche repräsentiert. Fortschritt wird dadurch möglich, dass die männlichen Prinzipien über die weiblichen siegen.

Trotz allem: Der Feminismus, davon ist Harding überzeugt, kann die Wissenschaft nicht so einfach aufgeben. Schließlich lebt auch der Feminismus vom Kredit der Wissenschaftlichkeit: Die Kritik der männlichen Herrschaft hat nur dann Resonanz, wenn ihr ein Wahrheitswert zugeschrieben wird. Wie also lässt sich die Wissenschaft reparieren, wenn diese doch durch sexistische, rassistische oder biologistische Einflüsse geprägt ist? Wie lässt sich unser Glaube an Tatsachen und (vorläufige) Wahrheiten retten? Durch mehr Objektivität?

Echte Objektivität hätte eine andere Gesellschaft zur Voraussetzung, argumentiert Harding. Echte Objektivität würde die Überwindung jener Ideologien erfordern (wie Sexismus, Rassismus, Biologismus), die in die Wissenschaft eingeschrieben sind. Darum genügt es nicht, mit einem radikalen Bekenntnis für Wertfreiheit oder mit dem Ruf nach härteren Methoden für mehr Objektivität zu kämpfen. Die Erkenntnistheorie ist gar nicht der Boden, auf dem wirkliche Objektivität durchgesetzt werden kann. Schließlich stößt sich auch die Erkenntnistheorie immer nur an jenen Werten, die im aktuellen gesellschaftlichen Kontext als störend und verwerflich gelten. Jene Werte jedoch, die so tief in die gesellschaftlichen Strukturen eingeschrieben sind, dass sie gar nicht mehr als Werte kenntlich werden, jene »stummen« Werte also, die die Normalität ausmachen, verwandeln (auch die methodisch raffinierteste) Wissenschaft in Ideologie.

Ein paradoxes Ergebnis dieser feministischen Erkenntnistheorie lautet daher: Nicht die Erkenntnistheorie ist in der Lage, eine objektive, ideologiefreie, menschenfreundliche Wissenschaft zu schaffen. Viel wichtiger sind politische Theorie und Ethik. Denn nur diese Disziplinen können eine grundlegende Reflexion zentraler Werte und Ideologien anleiten, die die Wissenschaft prägen. Diese Argumentation stellt auch die klassische Wissenschaftshierarchie auf den Kopf: Nicht die »harten« Naturwissenschaften sind objektiv, sondern jene »weichen« Disziplinen, die die Gesellschaftsabhängigkeit der Wissenschaft problematisieren und emanzipative Werte vertreten.

Objektiv, schreibt Harding (ebd.: 273), ist nur jene Wissenschaft, »die explizit durch moralisch-politische, emanzipatorische Interessen geleitet sind – durch Interessen, die auf die Beseitigung sexistischer, rassistischer, klassenhierarchischer und kulturell erzwungener Vorstellungen von Natur und Gesellschaft gerichtet sind.« Hardings Überzeugung lautet also: Objektivität ist möglich, wenn auch nicht in absoluter Form. Aber eine gute Annäherung an die Wahrheit ist möglich, wenn wir die verschiedenen Lebenswelten der marginalisierten Anderen berücksichtigen. Wir müssen eine neue Beobachtungsperspektive durch Kombination verschiedener und verdrängter Perspektiven schaffen. Erst dies macht unser Bild von der Welt kompletter, besser, objektiver.

Stimmt das? Na ja, sagt die US-amerikanische Wissenschaftsforscherin DONNA HARAWAY (geb. 1944). Sie warnt, gegen Harding gewandt, vor der Illusion einer universalistischen Position. Wir sollten nicht davon ausgehen, so Haraway, dass wir das grundsätzliche Problem der Perspektivenabhängigkeit allen Wissens durch die Konstruktion einer Zentralperspektive überwinden können, von der aus ein unverstellter Blick auf die Welt möglich ist. Eine solche Strategie erinnert an die landläufigen Erwartungen an Interdisziplinarität, nämlich durch die Kombination verschiedener disziplinärer Perspektiven eine ganzheitliche Sichtweise zu entwickeln. Doch jede (Sub-)Disziplin folgt anderen Theorien und Paradigmen und erschafft auf diese Weise die ganze Welt jeweils neu. Die Addition inkompatibler Sichtweisen führt daher nicht automatisch zu höherer Einsicht. Vielmehr werden Übersetzungsarbeiten zwischen den heterogenen Positionen und Wissensformen notwendig, und genau diese Übersetzungen bilden für Haraway die Grundlage dafür, Objektivität neu zu denken. Es geht für sie darum, den Diskurs über Wissensansprüche offen zu halten; es geht um die radikale Verabschiedung einer Erkenntnistheorie, die Objektivität in den Bahnen der Identität, Homogenität und Abgeschlossenheit denkt.

Die neue, feministisch radikalisierte Objektivität verhandelt Haraway (1995) unter den Stichworten des »situierten Wissens« bzw. der »positionierten Rationalität«. Was soll man sich darunter vorstellen? Wir sind als erkennende Subjekte nicht aus einem Guss, sondern immer schon gespalten, anhand der quer zueinander laufenden Achsen von Gender, Ethnizität, Klasse und Kultur. Es gibt kein Kollektivsubjekt (»die Frauen«), das die richtige Position hat und damit für Objektivität garantieren könnte. Die Rede von »den« Frauen ist selbst schon ideologisch, weil unter diesem Begriff viele verschiedene Schicksale und Lebenswelten vereinheitlicht werden. Objektivität lässt sich daher nur durch »partiale Verbindung« (ebd.: 86) zwischen Wissensformen herstellen, die immer lokal, situativ und übersetzungsbedürftig sind. Ohne jeden Anspruch darauf, eine (andere) Gruppe zu repräsentieren, müssen wir zu (flüchtigen) Koalitionen fähig sein, in denen auch die Objekte des Wissens eine aktive Rolle bekommen müssen – eine Forderung, die an die Akteur-Netzwerk-Theorie erinnert (siehe Kapitel 8). Anders ist die problematische Unterscheidung zwischen (aktivem) Subjekt und (passivem) Objekt nicht zu überwinden. Und genau in der Dekonstruktion solcher Unterscheidungen und essentialisierender Begriffe (wie Geschlecht, »Rasse« oder Nation) besteht der Auftrag an eine feministische Wissenschaft.

Aus diesem Grund plädiert Haraway auch gegen feministische Übertreibungen, die für sie darin liegen, Sex als biologische Kategorie aufzugeben und lediglich als Material für die Inszenierung von Gender zu verstehen. Diesen radikalen Dekonstruktivismus erachtet sie als Ausdruck einer westlich-patriarchalen Denkweise: Der Körper wird auf diese Weise zu einem passiven Objekt, zu einer beliebig instrumentalisierbaren Materie, nur Anlass für die Kunststücke des Geistes. Haraway sieht darin einen Rückfall in alte Denkschemata. Deswegen erinnert sie daran, dass der Körper »mehr ist als ein leeres Blatt für soziale Einschreibungen, einschließlich derjenigen des biologischen Diskurses« (ebd.: 92). Wenn wir die Zielrichtung von Haraways Wissenschaftskritik auf eine griffige Formel bringen wollten, so könnten wir vielleicht sagen: Worauf sie hinauswill, das ist eine wissenschaftliche Objektivität, die ohne Objektivierung auskommt.

Ob in der Form der Wissenschaftskritik, der Dekonstruktion oder Herrschaftskritik – unser kurzer Streifzug quer durch die feministischen Sozialtheorien hat überdeutlich werden lassen, welcher Modernisierungszwang von diesen Theorien für die Soziologie ausgeht. Letztlich formulieren sie die Standards neu, denen sich eine Soziologie in kritischer Absicht zu stellen hat. Nach dem Feminismus führt kein Weg mehr zurück zur Idylle einer Kapitalismuskritik, die blind war für Gender- und Identitätsfragen. Was für uns abschließend zu klären bleibt: Wie lebendig ist dieses traditionsreiche Unterfangen der Kapitalismuskritik eigentlich heute noch?

10 Aktuelle Kapitalismuskritik

Kaum etwas fasziniert die Soziologie so sehr wie der Kapitalismus. Das hat Tradition: Marx und der Marxismus waren immer (und sind nach wie vor) ein wichtiger Bezugspunkt soziologischen Denkens. Darum ist der typisch soziologische Anspruch, kritisch zu sein, in aller Regel gegen eine Gesellschaft gerichtet, die im Kern als kapitalistisch verstanden wird. Das rege Interesse am Kapitalismus führt mit dessen Veränderungen auch zu einem Wandel der Kapitalismuskritik. Im Zentrum dieses Kapitels steht darum die Frage, was den Kapitalismus der Industriemoderne vom Kapitalismus unserer Tage unterscheidet – und wie sich dementsprechend die Tonlage der Kritik verändert hat.

Der Marxismus kritisierte den Kapitalismus in den Kategorien von Ausbeutung, Armut und Entfremdung. Im Kern ging es um das Problem der sozialen Ungleichheit. Das Schicksal der unterdrückten Klasse (Proletariat) stand im Zentrum der Aufmerksamkeit. Der Marxismus verstand die Arbeiterklasse gleichwohl nicht nur als Opfer. Das Proletariat war auch Motor des historischen Fortschritts, weil es durch die Verfolgung seiner eigenen Interessen gleichzeitig das Allgemeinwohl, nämlich eine Gesellschaft von Gleichen und Freien, realisieren sollte. Bei aller Kritik am Kapitalismus hat Marx nie vergessen, auf dessen revolutionäre Rolle hinzuweisen: die Ablösung von Verlagswesen und Manufaktur durch die moderne Großindustrie; die zunehmende Urbanisierung, die den »Idiotismus des Landlebens« (Marx) überwindet; Technisierung und Rationalisierung; die Überwindung traditioneller Glaubenssysteme und überkommener Werte – all dies waren für Marx wichtige Errungenschaften des bürgerlich-kapitalistischen Zeitalters.

Die frühe Soziologie ging in ihrer Gesellschaftskritik etwas andere Wege. Sie kritisierte die Versachlichung und Intellektualisierung des Lebens im Zuge der entwickelten Geldwirtschaft. Die Herrschaft der Zahl, der notorische Zwang zur Berechnung aller Dinge und Beziehungen – das schien das Kernproblem der Moderne zu sein. »Dieses messende, wägende, rechnerisch exakte Wesen der Neuzeit ist die reinste Ausgestaltung ihres Intellektualismus«, schreibt Simmel (1989: 613 f.). Das ständige Abwägen, Rechnen und Quantifizieren prägt auch den Alltag. »Erst die Geldwirtschaft hat in das praktische Leben [...] das Ideal zahlenmäßiger Berechenbarkeit gebracht.« Mit dem Kapitalismus, so können wir daraus schließen, setzt sich ein neues, instrumentelles Welt- und Selbstverständnis durch, das nicht nur eine bestimmte Klasse betrifft, sondern alle Menschen in gleicher Weise, wenn auch in recht abstrakter Form.

Die gegenwärtige Kapitalismuskritik verlässt diese historischen Pfade nicht komplett. Diese Kritik interessiert sich weiterhin für die Klassenfrage; sie geht davon aus, dass unserem Glück ein instrumenteller Weltzugang im Weg steht, und sie warnt vor den Beschädigungen des individuellen und sozialen Lebens durch das rastlose Streben nach dem »Mehr« (mehr Produktivität, mehr Effizienz, mehr Fortschritt). Im Vordergrund jedoch stehen nicht Klassen- oder Rationalitätsprobleme, sondern Identitätsfragen. Kritisiert werden die vom neuen, spätmodernen Kapitalismus freigesetzten Zwänge zu Flexibilität und Kreativität, zu permanentem Wettbewerb und unablässiger Selbstoptimierung.

Kapitalismus im Geist von 1968

Ein wichtiger Impuls für diese erneuerte Kapitalismuskritik stammte aus der breit rezipierten Studie *Der neue Geist des Kapitalismus*, die 1999 im französischen Original erschienen war (Boltanski/Chiapello 2006). Die Hauptthese lautete, dass sich ab den 1970er Jahren ein neuer Kapitalismus entwickelt habe, der ganz wesentlich durch die Kapitalismuskritik von 1968 geprägt sei. Die Studenten und Intellektuellen jener Zeit hatten den Kapitalismus als Quelle der Entfremdung, fehlender Authentizität und mangelnder Selbstverwirklichung attackiert. Wo Kapitalismus herrsche, so der Tenor dieser Kritik, gehe der Sinn für das Schöne und wirklich Wichtige verloren; das Leben verflache und die unter Kontrolle und Kommando stehende Arbeit werde zur Fron. In Abgrenzung zu diesem hierarchischen, effizienzgetriebenen Kommando-Kapitalismus machte die Protestbewegung postmaterielle Werte wie Autonomie, Partizipation und Flexibilität stark.

LUC BOLTANSKI (geb. 1940) und ÈVE CHIAPELLO (geb. 1965) argumentieren nun, dass diese Kapitalismuskritik aus den Reihen der 68er-Bewegung den Kapitalismus gründlich reformiert und verjüngt habe. Der moderne, flexible Kapitalismus sei durch ein neues Ethos geprägt, das sich der allgemeinen Wertschätzung postmaterieller Einstellungen verdanke. Doch zuerst: Wie sah der »alte« Kapitalismus, also der Wohlfahrtskapitalismus der Nachkriegsjahre (1950–80), das sogenannte goldene Zeitalter des Kapitalismus, aus?

Der Wohlfahrtskapitalismus zeichnete sich durch Solidität, Berechenbarkeit und Planungssicherheit aus. Die

Leute blieben oft ein ganzes Berufsleben lang im selben Unternehmen. Sie konnten sich mit 30 ausrechnen, was sie mit 60 verdienen würden, und sich auf eine sichere Rente freuen. Beruflichen Erfolg verband man mit Leistung und Kompetenz. Im Betrieb herrschten klare Hierarchien. Kontrolle und Effizienz wurden großgeschrieben. Ansprüche auf Selbstverwirklichung wurden eher in die Freizeit verlegt. Zwischen Privat- und Arbeitsleben wurde sorgfältig unterschieden. Das Feierabendbier trank man nicht im Büro. Der Zauber von Technik und Industrie wirkte ungebrochen. Fortschritt war noch keine Beschwörungsformel, sondern ein Glaubensgrundsatz. Man war überzeugt, dass es den eigenen Kindern einmal besser gehen würde. Sparen galt als klug, nicht als spießig. Die Massenproduktion kurbelte den Massenkonsum an; höhere Löhne wurden nicht als Kostenfaktor, sondern als Wirtschaftsmotor gesehen. Damit gerieten in den 1950er Jahren das erste eigene Auto (VW Käfer) und der erste Italienurlaub in Reichweite.

Der alte kapitalistische Geist: Max Weber zufolge war dieser durch das Ethos des Sparens und der Askese bestimmt. Es ging um Triebverzicht und Fleiß. Schließlich hatte der strenge Protestantismus gepredigt, dass nur rastlose Berufsarbeit und Betriebsamkeit dem Menschen eine begründete Hoffnung geben könnten, zu den von Gott Auserwählten zu gehören. So verhalfen die protestantischen Sekten dem Kapitalismus zum Durchbruch, indem sie eine neue Mentalität in die Welt setzten. Der Dienst am Geld wurde zum Gottesdienst; Selbstdisziplin zum Gradmesser der Gottgefälligkeit; der Mensch zur »Erwerbsmaschine« (Weber 2017: 217). Natürlich: Im Wohlfahrtskapitalismus, das sehen Boltanski und Chiapello ganz deutlich, wurde dieses rigide Ethos bereits ein Stück weit aufgeweicht. Mit den erweiterten Konsummöglichkeiten begannen sich hedonistische Ansprüche zu regen. Gleichwohl blieb der Glaube an Wachstum, Fortschritt und die Berechenbarkeit der gesellschaftlichen Verhältnisse stabil.

Das hat sich grundlegend geändert. Denn ab den 1970er Jahren, so behaupten Boltanski und Chiapello, hat sich ein neuer kapitalistischer Geist etabliert. Die maßgebliche Quelle dieser neuen Gesinnung, das hatten wir schon gehört, war nicht mehr die Religion, sondern die antikapitalistische Kritik der 68er. Der neue Kapitalismus basiert auf den Prinzipien von Selbstverwirklichung, Flexibilität, Mobilität und Selbstorganisation – Prinzipien, die sie aus ihrer Analyse der Managementliteratur der 1990er Jahre herauslesen (Boltanski/Chiapello 2006: 147 ff.). In diesen Prinzipien dokumentiert sich der Anspruch auf eine Humanisierung der Arbeitswelt. Humanisierung hieß: den Menschen – seine Bedürfnisse, Fähigkeiten und Emotionen – in den Mittelpunkt stellen. Gegen Hierarchien und Bürokratie, Autoritarismus und eine unflexible Unternehmungsplanung. Manager und Unternehmensberater plädierten deshalb für Verschlankung (»lean production«), für kundenorientierte Herstellungsorganisation, für Netzwerk- und Projektförmigkeit. Schon bald repräsentiert das Projekt viel mehr als nur eine Organisationsform. Es wird zu einem Ausweis von Aktivität und Leistungswillen. Ob Beziehung, Beruf oder Kinder: Praktisch alles wird zum Projekt, und wer heute kein Projekt hat, kann einem fast schon leidtun.

Der neue Kapitalismus will das Besondere am Menschen, das heißt seine Kreativität und Spontaneität, seine kommunikativen und emotionalen Qualitäten nicht ausblenden, sondern nutzen (Moldaschl/Voß 2002). Der »ganze Mensch« ist nun gefordert. Privat- und Berufsmensch werden nicht länger getrennt, die Arbeitenden können eigene Ansprüche an die Arbeit einbringen. Entfremdete Arbeit scheint damit der Vergangenheit anzugehören. Doch gleichzeitig nimmt auch der Druck zu. »Sei du selbst!«, »Sei kreativ und originell!« – so lautet der Imperativ einer schönen neuen Arbeitswelt, die den ganzen Menschen in Beschlag nimmt.

Wir sehen: Der Kapitalismus modernisiert sich, indem er den allgemeinen Wunsch nach Selbstentfaltung in der Arbeitswelt produktiv aufnimmt und anstelle von Verboten und Kontrolle auf Eigenmotivation und Selbstführung setzt. Das neue Regime herrscht also nicht mehr durch Negativität (Repression, Überwachung), sondern durch Positivität (Initiative, Ermunterung). Klingt nicht schlecht, doch es verheißt – der aktuellen Kapitalismuskritik zufolge – nichts Gutes. Denn indem sich das Kontrollregime nach innen verlagert, funktioniert Ausbeutung über Selbststeuerung: Die Individuen operieren als gnadenlose Unternehmer in eigener Sache und verlangen sich Dinge ab, die kein Arbeitgeber zu fordern wagen dürfte. Der neue Mensch im spätmodernen Kapitalismus – das ist der hochflexible Aktivmensch, der »Nomade«, der keine feste Bindung an Menschen oder Dinge hat, jedoch in viele Netzwerke eingegliedert ist, unablässig Pläne schmiedet, nicht am Erreichten festhält und (kontrollierte) Risiken eingeht. Kurz gesagt: das »unternehmerische Selbst« (Bröckling 2007).

Der neue Kapitalismus etabliert freilich nicht nur einen neuen Menschenschlag, sondern auch neue Krankheitsformen. Unablässiger Wettbewerb und ständige Erreichbarkeit, permanente Selbstkontrolle und Selbstüberforderung führen zu Erschöpfungskrankheiten (Burn-out, Depression), so lautet eine weitverbreitete Diagnose (Neckel/Wagner 2013). Die Depression wird zur Leitkrankheit unserer Epoche, spiegelt sie doch die zerstörerischen Folgen des gesellschaftlichen Imperativs zur Selbstoptimierung. In diesem Sinne hat der französische Soziologe Alain Ehrenberg (geb. 1950) in zeitdiagnostischer Absicht festgehalten: »Die Karriere der Depression beginnt in dem Augenblick, in dem das disziplinarische Modell der Verhaltenssteuerung, das autoritär und verbietend den sozialen Klassen und den beiden Geschlechtern ihre Rolle zuwies, zugunsten einer Norm aufgegeben wird, die jeden zu persönlicher Initiative auffordert, ihn dazu verpflichtet, er selbst zu werden.« (Ehrenberg 2008: 14)

Fazit: Der ursprünglich progressive Anspruch auf Selbstbestimmung und Selbstorganisation realisiert sich im spätmodernen Kapitalismus unter Bedingungen, die das Ideal der Autonomie konterkarieren. Die neue Selbstbestimmung erweist sich als besonders raffinierte Variante der Fremdbestimmung – das ist der Kern gegenwärtiger Kapitalismuskritik. Was freilich auffällt: Der Begriff der Autonomie bleibt in dieser Kapitalismuskritik eigenartig unbestimmt. Man erfährt nicht, was Selbstbestimmung unter gegenwärtigen Bedingungen heißen könnte und inwieweit sie realisierbar ist (oder sein sollte). Stattdessen behilft sich die Kritik mit der Vorstellung, dass früher, im Wohlfahrtskapitalismus, Autonomie im substanziellen Sinne irgendwie noch möglich war. Die Idealisierung jener Ära eines »soliden« und eigentlich recht gemütlichen Kapitalismus ist die normative Grundlage gegenwärtiger Kritik.

Das Ende der Autonomie

»You may delay, but time will not«, lautet ein bekanntes Sprichwort, das Benjamin Franklin (1706–1790), einem der Gründerväter der Vereinigten Staaten, zugeschrieben wird. Die prägnante Zuspitzung dieses Spruchs kennen wir alle: Zeit ist Geld. Und auch wenn wir diese erzkapitalistische Parole nicht bewusst unterschreiben würden, so handeln wir doch alle danach. Unser Leben ist über weite Strecken durch den Kampf um ein effizientes Zeitmanagement geprägt. Was den modernen Menschen geradezu definiert, ist genau dieses Lebensgefühl: Wir stehen praktisch pausenlos unter Zeitdruck, wir sind gestresst und haben doch gleichzeitig das Gefühl, dass uns die Zeit unter der Hand zerrinnt. Das betrifft die Managerin und den Kapitalismuskritiker gleichermaßen.

Die typisch modernen Zeitstrukturen machen sich auch auf der sozialen Ebene bemerkbar. War der Wohlfahrtskapitalismus noch auf Kontinuität und Planbarkeit programmiert, so ist der flexible Kapitalismus durch Flüchtigkeit, Kurzfristigkeit und Vorläufigkeit geprägt. Wir selbst erleben das mit Blick auf unsere Beziehungen, Jobs und Identitäten. Monogamie und Beamtenstatus erscheinen uns fast schon ähnlich exotisch und antik wie die Grabbeigaben des Pharaos. Moden, Trends und Lebensstile ändern sich in unserer Zeit genauso rasant wie das, was als wissenswert, erstrebenswert oder relevant gilt. Wir erleben, mit anderen Worten, unsere Zeit als ein Zeitalter des radikalen, beschleunigten Wandels.

Der Soziologe HARTMUT ROSA (geb. 1965) hat diesen Befund zeitdiagnostisch zugespitzt und die These aufgestellt, dass wir in einem Zeitalter der Beschleunigung leben (Rosa 2005). Das Kernproblem unserer Zeit besteht seines Erachtens darin, dass der soziale Wandel mittlerweile ein so hohes Tempo erreicht hat, dass wir keine stabile personale Identität mehr ausbilden können. Wir erleben uns immer weniger als Autoren unserer eigenen Biographie, sondern als getrieben oder ferngesteuert. Damit wird der Kern des Humanen in Frage gestellt, steht doch die Idee menschlicher Autorenschaft im Zentrum des Humanismus.

Natürlich ist das Phänomen der Beschleunigung an sich nicht neu. Schon Marx und Engels erschien ihre Gegenwart als ein Zeitalter der Beschleunigung, in dem der industrielle Kapitalismus alle Reste des Feudalismus hinwegfegte. »Alle festen, eingerosteten Verhältnisse mit ihrem Gefolge von altehrwürdigen Vorstellungen und Anschauungen werden aufgelöst, alle neugebildeten veralteten, ehe sie verknöchern können. Alles Ständische und Stehende verdampft«, heißt es im *Kommunistischen Manifest* (Marx/Engels 1969: 23). Mit dem Kapitalismus etabliert sich ein eigentümlicher Zwang zu Innovation und Wachstum, der freilich nicht nur die Wirtschaft betrifft. Das heißt, zentrale Institutionen stabilisieren sich dynamisch, also über Zuwächse an Kapital (Wirtschaft), an Inklusion (Politik), an Wissen (Wissenschaft), an Innovation (Technik), an Bildung, Lebenschancen, Mobilität und Energieverbrauch. Kurzum, moderne Gesellschaften zeichnen sich durch einen eingebauten Beschleunigungs- und Steigerungsautomatismus aus.

Leben wir immer noch in dieser »Immer-Mehr«-Moderne? Nein, antwortet Rosa, denn aufgrund gesteigerter Beschleunigung befinden wir uns längst im Stadium der Spätmoderne. Diesen Beschleunigungsschub datiert Rosa auf die 1990er Jahre. Auslöser dafür sind Digitalisierung und zunehmende Deregulierung der Finanzmärkte, weltweite Produktionsbeschleunigung (»just in time«) und der vorläufige Sieg der Demokratie (Mauerfall). Die neue Beschleunigungsgesellschaft wirft nun das Problem auf, dass Stabilisierung und vitale Synchronisationsleistungen nicht mehr möglich sind. Was soll das heißen? Auf individueller Ebene bedeutet dies Autonomieverlust: Wir erleben unsere Biographie nicht mehr als einen kontinuierlichen Entwicklungsprozess, den wir selbst gestalten, sondern als bloßes Stückwerk. In politischer Hinsicht bedeutet dies Kontrollverlust: Die notorisch langsame Politik (demokratische Abwägungsprozesse kosten Zeit) bekommt keinen Zugriff mehr auf hochdynamische Institutionen wie Wirtschaft oder Technik. Dies unterminiert die landläufige Annahme (oder die verzweifelte Hoffnung), dass die Politik in der Lage sei, die gesellschaftlichen Verhältnisse zu gestalten.

Die Zäsur zwischen moderner und spätmoderner Gesellschaft ergibt sich also durch die Temposteigerung des sozialen Wandels. Konkret heißt das: Die Zeitspanne, innerhalb derer Wissen, Handlungsorientierungen und Praxisformen gültig sind, wird immer kürzer. Alles ändert sich immer schneller: Moden, Lebensstile, Beschäftigungsverhältnisse, Familienstrukturen, politische und religiöse Bindungen. Dies führt zu dem Problem, dass die Welt nicht einmal mehr innerhalb einer Generation die gleiche bleibt. In der Vormoderne hingegen, einer Zeit langsamen sozialen Wandels, lebten alle Generationen (von den Urgroßeltern bis zu den Urenkeln) in derselben Welt. Dafür sorgten gemeinsam geteilte Relevanzen, Erwartungen und Praktiken. In der Moderne, einer Epoche beschleunigten Wandels, lebten die Generationen bereits in unterschiedlichen Welten. Mit der Folge, dass Eltern ihre eigenen Kinder nicht mehr verstanden und die Großeltern schon gar nicht. Immerhin: Für die einzelne Generation blieb die Welt noch konsistent und stabil.

Dies ändert sich jedoch in der Spätmoderne. Jetzt wird die Welt sogar für die einzelne Generation flüchtig, brüchig, instabil. Damit wird nach Rosa eine »kritische Schwelle« überschritten, weil jetzt eben auch innerhalb *einer* Generation jede Kontinuitätsgarantie verloren geht. Der lebenslange, identitätsstiftende Beruf verflüssigt sich zu einer Reihe von Jobs, die dauerhafte Beziehung zu einer Kette von Lebensabschnittspartnern. Anstelle politischer Überzeugungen regiert der Opportunismus, statt klarer politischer Identitäten dominieren Wechselwähler. Und schließlich, auf individueller Ebene, etabliert sich die Bastel-Biographie. Die Spieler, die Drifter, die Nomaden, das sind die neuen Typen, die so etwas wie Identität nur noch in der Phantasie kennen. »Was unter den Zwängen der Beschleunigungsgesellschaft also preisgegeben wird, ist die Idee eines auf Dauer oder Langfristigkeit hin angelegten Identitätsprojektes, mithin die Vorstellung einer Autonomie, welche Subjekten das kontextübergreifende und zeitstabile Verfolgen von selbstdefinierten Werten und Zielen ermöglicht.« (Rosa 2005: 372)

Die zweite problematische Konsequenz der Beschleunigung ergibt sich auf politischer Ebene. Seit Anbruch der Moderne galt die Gesellschaft als ein politisch zu gestaltendes Projekt. Doch dieser politische Gestaltungsanspruch erscheint heute überholt. Manche Themen sind einfach viel zu schwierig, als dass die Politik noch ernsthaft autonome Regelungskompetenz beanspruchen könnte (Klimawandel, Pandemie, Zukunft der Rentensysteme). Gleichzeitig überfordert die Innovationsdynamik die Politik. Bestes Beispiel: Digitalisierung. Google & Co. bestimmen die Regeln im Netz und treiben die Politik vor sich her. Politische Versuche zur Eindämmung der Marktmacht von Internetkonzernen werden von ihnen mit der Drohung beantwortet, die digitalen Dienste für ganze Länder einzustellen. Die überforderte Politik verlagert sich daher aufs »Durchwurschteln« und wird eigentlich zur Farce.

Rosas Empfehlung gegen die Verwerfungen durch einen beschleunigten Kapitalismus lautet: Wir müssen unser instrumentelles, von einer kapitalistischen Besitz- und Steigerungslogik geprägtes Weltverhältnis zugunsten eines »resonanten« Weltverhältnisses aufgeben (Rosa 2016). Der unerbittliche Innovations-, Wachstums- und Beschleunigungszwang verweise in Summe auf eine pathologische Weltbeziehung: Unsere Beziehungen zur Umwelt, zu unserer Innenwelt und zur sozialen Welt sind gestört und äußern sich in diversen Krisenerscheinungen (Umweltprobleme, Burnout, Beziehungslosigkeit usw.). Der Mensch ist getrieben von der Jagd nach dem »Mehr« (mehr Geld, mehr Freunde, mehr Fun usw.), doch am Ende dieser Steigerungsspirale steht nicht das echte Lebensglück, sondern die Entfremdung. All die erworbenen und erjagten Dinge bereichern letztlich nicht das eigene Leben; man kann sie sich nicht »anverwandeln«, wie Rosa sagt, sondern sie werden zu bloßen Prestigeobjekten oder zur strategischen Ressource im Konkurrenzkampf.

Ein wirkungsvoller Ausweg aus dieser Misere besteht in

der Bereitschaft, sich von den Dingen ansprechen, sich positiv berühren zu lassen. Ziel dieser Übung ist, wie Rosa (2016: 24) sagt, ein »vibrierender Draht zwischen uns und der Welt«. Wir sollen also die Welt als ein wohltuendes, irgendwie entgegenkommendes »Resonanzsystem« erleben. Näher zu den Dingen, die Dinge zum Klingen, zum Singen bringen, so lautet Rosas Rezept. Aber das ist natürlich ein schwieriger Gedanke. Denn der Begriff der Resonanz transportiert bei Rosa einen romantischen Runderneuerungsanspruch, der nicht nur die Überwindung des Kapitalismus meint, sondern uns alle in die Pflicht nimmt. Wir sind aufgerufen, an unserer Beziehungs- und Einfühlungsfähigkeit zu arbeiten, damit wir die Welt mit neuen Augen sehen können. Man könnte sagen: Wir erhalten eine weitere Einladung zur Selbstoptimierung, aber dieses Mal im Dienst der guten Sache.

Akademiker-Kapitalismus

Was ist das Besondere oder Bedrohliche am gegenwärtigen Kapitalismus? Zwei Antworten haben wir bereits gehört. Beide problematisierten drohende (oder reale) Autonomieverluste im neuen Kapitalismus, sei es als Folge radikalen Wertewandels (Boltanski/Chiapello) oder eines beschleunigten sozialen Wandels (Rosa). Eine weitere, viel beachtete Antwort auf die Eingangsfrage hat der Berliner Soziologe ANDREAS RECKWITZ (geb. 1970) gegeben. Seine Argumentation lautet im Kern: Das Besondere am gegenwärtigen Kapitalismus ist, dass sich sein Geschäftsmodell auf die Besonderheit von Gütern und Dienstleistungen stützt: Geschätzt wird, was außergewöhnlich, exklusiv oder irgendwie speziell ist, seien es Lebensmittel, Bildungseinrichtungen oder Lebensgeschichten. Das ist allerdings nicht so harmlos wie es vielleicht klingt. Denn dieser neue, auf das Besondere setzende Kapitalismus treibt die gesellschaftliche Polarisierung und eine umfassende Ökonomisierung aller Lebensbereiche voran.

Ausgangspunkt dieser Kapitalismuskritik ist die Beobachtung, dass die moderne Gesellschaft in die postindustrielle Phase eingetreten ist. Das Industriezeitalter: das war die um 1800 beginnende Phase, in der die industrielle Produktion (inklusive standardisierter Arbeit, Klassenkämpfe, Urbanisierung und bürgerlicher Werte) das Gesicht der Gesellschaft prägte. Eine entwickelte Industriegesellschaft existierte nach dem Zweiten Weltkrieg für etwa 30 Jahre. Ihre Wesensmerkmale waren Massenproduktion, Massenkonsum, das Normalarbeitsverhältnis sowie eine hohe Bedeutung von Gewerkschaften und sozialstaatlicher Politik. Die industriell gefertigten Güter erhielten ihren Wert durch die konkrete Zweckbestimmung und wurden aufgrund ihrer Zuverlässigkeit und Langlebigkeit geschätzt. Diese Industriegesellschaft erodiert, so Reckwitz, seit den 1970er Jahren und verstärkt ab den 1990er Jahren. An ihre Stelle tritt der »kognitiv-kulturelle Kapitalismus« (Reckwitz 2019: 135 ff.). Was ist damit gemeint?

»Kognitiv« ist dieser neue Kapitalismus deshalb, weil körperlich harte Arbeit abgewertet wird und die Wissensarbeit zum Motor von Innovation und Ökonomie wird. Das Kapital besteht nicht mehr aus Fabriken und Maschinen, sondern aus Patenten, Humankapital und Daten. Dementsprechend geht es für erfolgreiche Firmen vor allem darum,

Fachleute zu gewinnen, Expertise zu mobilisieren und Wissen zu organisieren. Es kommt zum Aufstieg der Hochqualifizierten (Wissensarbeiter), die Reckwitz (ebd.: 64 ff.) in seinem Klassenmodell der Gesellschaft auch als »neue Mittelklasse« bezeichnet. Diese neue Mittelklasse ist die bestimmende Klasse im Kapitalismus, nicht weil sie in puncto Besitz und Einkommen dominiert (dies tut die »Oberklasse« der Superreichen), sondern weil ihre Werte, Lebensmaximen und Praktiken (Beziehungen, Konsum, Familienleben) allgemein als attraktiv und nachahmenswert empfunden werden.

Im neuen Kapitalismus werden die meisten Güter zu kognitiven Gütern. Das heißt: Güter erhalten ihren Wert vor allem dadurch, dass immaterielles Kapital in ihnen steckt (Ideen, Wissen, soziale Beziehungen). Dieses immaterielle Kapital (gespeichert in Form von Datenbanken, Urheberrechten, Humankapital) wiederum entsteht auf der Grundlage von Wissensarbeit. Wissensarbeit steckt aber nicht nur in den kognitiven Gütern, sondern auch in vielen der dinglichen Güter, die nach wie vor industriell gefertigt werden (z. B. High-Tech-Maschinen oder Turnschuhe).

»Kulturell« heißt dieser Kapitalismus deshalb, weil viele kognitive Güter zugleich kulturelle Güter sind (Reckwitz 2019: 168). Kulturelle Güter erhalten ihre Bedeutung nicht aufgrund ihres Gebrauchswerts, ihrer Qualität oder des günstigen Preises; sie stechen vielmehr durch Einzigartigkeit oder Besonderheit heraus, sei es weil sie eine besondere Ästhetik haben (Designer-Sessel), eine besondere Geschichte erzählen (die »Air Jordan«-Serie von Nike) oder einen ethischen Wert vermitteln (Fair Trade, Bio). Verkauft wird also nicht einfach ein Gebrauchsgut, sondern ein Lebensgefühl, eine Identität, ein moralischer Anspruch. Deswegen stehen auch die Material- und Herstellungskosten meist in keinem Verhältnis zum Preis dieser Güter.

Diese Logik der Besonderheit, der »Singularität«, wie Reckwitz (2017) es nennt, greift auch außerhalb der Warenwelt. Mit Blick auf Personen heißt das etwa: Diese müssen eine Aura haben, »Stil« haben. Menschen müssen irgendwie charismatisch, irgendwie originell sein, um unser Interesse zu wecken. So werden aus Personen Persönlichkeiten, die den Unterschied ausmachen. Die personalisierte Medizin, die profilbewusste Hochschule, die subjektivierte Arbeit – all dies sind weitere Beispiele dafür, dass sich die Gesellschaft nicht länger am Durchschnitt, an der Norm, am »Mittelmaß« orientiert. Das heißt, auch Bildung, Gesundheit, Unterhaltung oder Reisen werden zu kulturellen Gütern – weil es auch in diesen Bereichen um einen symbolischen Konsum geht, mit man den eigenen Anspruch auf Exklusivität und Reputation unterstreicht.

Dieser kulturelle Kapitalismus fördert eine Ökonomisierung des Sozialen. Gemeint ist damit, dass ökonomische Muster und Normen in andere Bereiche einwandern, in die Kultur, den Bildungsbereich oder Sozialeinrichtungen. Konkret kann das heißen, dass die Logik eines marktförmigen Wettbewerbs in vielen (auch nichtkommerziellen) Gesellschaftsbereichen schlagend wird. So betreiben selbst Schulen heute mittlerweile Markenbildung, um ein entsprechendes Publikum anzuziehen, und stehen daher im Wettbewerb untereinander. Es ist offensichtlich, dass diese Ökonomisierung (oder Vermarktlichung) des Bildungsbereichs durch die Logik der Singularisierung vorangetrieben wird. Denn die Eltern von heute wählen nicht mehr automatisch die nächstgelegene Schule für ihre Kinder. Schließlich hat sich der Status der Kindheit gewandelt: Kinder sind längst nicht mehr einfach Kinder, sondern Projekte, die der Status- und Reputationspolitik der Eltern dienen. Wer die nächstgelegene Schule nimmt, gilt als unambitioniert, immobil, Mittelmaß.

Schrittmacher dieses kulturellen Kapitalismus ist Reckwitz zufolge die neue Mittelklasse, die Klasse der Höherqualifizierten, also die Akademikerklasse. Sie ist Trägerin (und Nutznießerin) dreier zentraler Antriebselemente des neuen Kapitalismus: der Bildungsexpansion, der Postindustrialisierung und des postmateriellen Wertewandels. Die neue Mittelklasse profitiert ganz offensichtlich von der Aufwertung akademischer Bildung, während die Bildungsexpansion gleichzeitig zur Abwertung nicht-akademischer Qualifikationen beiträgt. Die Postindustrialisierung, sprich: der Übergang zu einer Dienstleistungsökonomie, schafft neue, interessante Jobs mit hohem Identifikationspotenzial; gleichzeitig entstehen prekäre Dienstleistungstätigkeiten, etwa in der Pflege oder in der Gastronomie. So hat der Postindustrialismus einen »Paternostereffekt« (Reckwitz) zur Folge: Während die Wissensarbeiter aufsteigen, sinken die Dienstleistungs-Jobber ab – die gesellschaftliche Polarisierung nimmt zu. Mit dem postmateriellen Wertewandel schließlich wird der (einstmals elitäre) Anspruch auf Selbstverwirklichung zur allgemeinen Norm. Die Werte der alten Mittelklasse hingegen (Ordnung, Selbstdisziplin, Konformität) werden entwertet.

Der kognitiv-kulturelle Kapitalismus, so könnte man kurz zusammenfassen, ist Wissensgesellschaft plus Erlebnisgesellschaft. Die Dienstleistungs- bzw. Wissensökonomie schafft die Grundlage für einen Konsum, der sich nicht am Gebrauchs-, sondern am Erlebniswert der Dinge orientiert. Viel stärker jedoch als die Soziologen Daniel Bell oder Gerhard Schulze, die diese maßgeblichen Gesellschaftsdiagnosen geliefert haben, interessiert sich Reckwitz für das Problem sozialer Ungleichheit. Den neuen Kapitalismus begreift er als Quelle einer neuen Klassenbildung. Dies ist durchaus ungewöhnlich, schließlich hat die Kultursoziologie stets Milieus, nicht aber Klassen in den Mittelpunkt gestellt.

Im Ergebnis kommt Reckwitz zu einem Drei-Klassen-Modell, mit der neuen, höherqualifizierten, urbanen Mittelklasse als kulturell tonangebender Klasse. Die alte Mittelklasse, die in den Glanzzeiten der Industriegesellschaft das Maß aller Dinge war, ist in diesem Modell zur unteren Mittelklasse abgesunken und zusammengeschrumpft. Sie besteht aus Personen in mittleren beruflichen Positionen mit mittleren Bildungsabschlüssen, also Beamten im mittleren Dienst, Handwerkern oder klassischen Büroangestellten. Die Unterklasse setzt sich aus dem neuen Dienstleistungsproletariat sowie aus dem Prekariat im industriellen und landwirtschaftlichen Sektor zusammen. Diese Klasse lebt oft von staatlicher oder familiärer Unterstützung. Die Oberklasse bildet genau genommen eine vierte Klasse, für die sich Reckwitz aber nicht sonderlich interessiert. Dies sind die »oberen Zehntausend«, also das eine Prozent der Bevölkerung, das von Kapitalrenditen leben kann.

In Reckwitz' Klassenmodell spiegeln sich die Entwicklungen der jüngeren Vergangenheit – die Zunahme sozialer Ungleichheit, die hohe Bedeutung des Erlebniskonsums, die Privilegierung von Expertise und höherer Bildung oder auch die Entstehung von »Winner-take-all«-Märkten, in denen der Sieger fürstlich entlohnt wird und alle anderen leer ausgehen. Der spätmoderne Kapitalismus ist also nicht weicher oder harmloser als sein Vorgänger, im Gegenteil: »Er ist härter, kompetitiver und expansiver als sein Vorgänger und mündet in stärkerem Maße in Konstellationen von Marktgewinnern und Marktverlierern. Er treibt am Ende eine tiefgreifende Ökonomisierung des Sozialen voran, welche mehr und mehr die spätmoderne Lebenswelt prägt, selbst in nichtkommerziellen Bereichen.« (Reckwitz 2019: 142)

Liebe im Kapitalismus

Die Liebe – das ist ein schönes Thema zum Abschluss, aber ist es auch ein soziologisches? Emotionen und Leidenschaften sind eigentlich das Terrain der Psychologie. Sie klärt uns über unsere individuelle Liebesfähigkeit und die Pathologien unserer Intimbeziehungen auf. Von Sigmund Freud (1856–1939), dem Begründer der Psychoanalyse, wissen wir beispielsweise, dass wir in Beziehungen immer frühkindliche, unbewusste Konflikte wiederholen und als unverarbeitete Dramen erneut zur Aufführung bringen. Triebgeschehen und Unbewusstes sind darum Grundkategorien der Analyse. Auf diese Weise werden Liebesleben und Liebesleid zu Phänomenen einer inneren Psychodynamik.

Die Gesellschaft ist in solchen Erklärungsansätzen weit weg. Sie ins Zentrum zu rücken, hat sich die französisch-israelische Soziologin EVA ILLOUZ (geb. 1961) zur Aufgabe gemacht. Illouz' Ehrgeiz ist es zu zeigen, dass die Liebe von gesellschaftlichen Verhältnissen geformt wird, und das heißt im Rahmen ihrer Kapitalismuskritik: dass Liebe heute marktförmig organisiert ist; dass wir auf diesem Markt als »sexuelle Kapitalisten« agieren, wie sie sagt, und dass dieser Markt, so wie er strukturiert ist, systematische Ungleichheiten zwischen Männern und Frauen hervorbringt (Illouz 2011). Mit dieser soziologischen Perspektive betreibt Illouz eine radikale Entmystifizierung der romantischen Liebe, so ähnlich wie dies Marx mit der Ware getan hat. Sie macht darauf aufmerksam, dass die Liebe heute keineswegs ungebunden, selbstbestimmt und intensiv gelebt wird, sondern nach den Regeln einer radikalen Marktlogik. Was soll man sich darunter vorstellen?

Im Kern treibt Illouz die Frage um, warum so viele Frauen an ihren Beziehungen verzweifeln bzw. an emotionaler Unterversorgung leiden. Ihre Antwort lautet, dass dies der männlichen Bindungsunfähigkeit geschuldet ist. Diese Unfähigkeit sollte man freilich nicht – in psychologischer Weise – als individuelles Defizit verstehen, sondern soziologisch erklären. Illouz' Argumentation lautet: Auf den deregulierten und digitalen Heirats- und Beziehungsmärkten der Gegenwart treten sich kühl kalkulierende Individuen gegenüber, die körperliche Attraktivität bzw. sexuelles Charisma (»Sexyness«) gegen Selbstbestätigung und sozialen Status tauschen. Dieses Arrangement spielt den Männern in die Karten. Denn die Stabilisierung ihrer fragilen Identität funktioniert über Macht, und diese Macht wird über die Zahl sexueller Abenteuer gemessen. Die Einfahrt in den Hafen der Ehe ist darum das Ende echter Männlichkeit. Den Männern freilich fällt es leicht, Gefühle sparsam zu dosieren. Schließlich ist die Familiengründung heute kein Statusmerkmal mehr und außerdem tickt bei ihnen auch keine biologische Uhr.

Wer hingegen ungeniert seine Gefühle auslebt, weil sie (nur selten: er) an ewige Liebe glaubt und deshalb keinen Gedanken an Berechnung verschwendet, gehört ganz schnell zu den Verlierern. Schließlich gelten nur jene Personen als besonders begehrenswert, die sich rar machen, cool bleiben und Distanz wahren – also dem typisch männlichen Beziehungsmuster folgen. Diese Liebe mit angezogener Handbremse zerstört die typisch weibliche Hoffnung auf eine dauerhafte, vertrauensvolle, gefühlsintensive Beziehung. Wie kam es zu dieser Entwertung der romantischen Liebe?

Wir können uns »die große Transformation der Liebe« (Illouz 2011: 39 ff.) ungefähr so vorstellen: In feudalen Gesellschaften folgte die Anbahnung von Beziehungen zum Zweck der Heirat strikten Regeln und objektiven Werten (sozialer Status, Besitz). Die Heiratsmärkte waren darum überschaubar. Erst in der Moderne, mit der Individualisierung der Partnerwahl, vergrößert sich das Spektrum. Denn nun wird die Wahl zur freien Entscheidung und der subjektive Geschmack zur alleinigen Richtschnur. Die Folge: eine riesige Auswahl bei gnadenloser Konkurrenz. »Noch nie zuvor in der Geschichte«, schreibt Illouz (ebd.: 432), »sind sich Männer und Frauen verschiedener sozialer Schichten, Religionen und Ethnien wie auf einem freien, ungeregelten Markt begegnet, auf dem Merkmale – wie Schönheit, Sexyness, soziale Schicht – rational und instrumentell eingeschätzt und getauscht werden.«

Diese Vermarktlichung der Liebe wird vor allem durch die Digitalisierung und das Internet vorangetrieben (vgl.

Illouz 2006). Online-Partnerbörsen verwandeln romantische Begegnungen in einen Markt, auf dem »Werte« getauscht werden. Der Wert einer Person bemisst sich nach ihrer sexuellen Attraktivität bzw. der Zahl ihrer sexuellen Abenteuer. Mit Schönheit und Charakter hat diese Sexyness nichts zu tun, eher mit einer Ablösung des Sex von authentischen Gefühlen. Illouz spricht denn auch von der »Vorherrschaft einer entemotionalisierten Sexualität« (2011: 97). Den auf das Sammeln sexueller Erlebnisse und Erfahrungen fixierten Marktteilnehmern geht es nicht um langfristige Beziehungen, um Ehe, Kinder und Familie, sondern um Selbstbestätigung (als echter Mann oder begehrenswerte Frau). Doch wie konnte die Sexualität eine derart zentrale Bedeutung für die Klassifizierung und Hierarchisierung von Menschen erringen?

Die sexuelle Revolution der 1960er und 70er Jahre begreift Illouz als zentralen Motor dieser Sexualisierung. Die Sexualität wurde damals von lähmenden Ritualen und rigider Moral befreit. Mit diesem politischen Befreiungsakt war ein einzigartiges Gleichheitsversprechen verbunden: Lustvolle Sexualität war nun auch ein Recht der Frauen. Mit der Entmoralisierung der Sexualität wurde Sex allerdings auch zum Selbstzweck. Das ist die Schattenseite der sexuellen Revolution, die Illouz ausführlich beleuchtet: Die Sexualität wurde von der Konsumkultur vereinnahmt; Kino und Werbung, Kleidung und Kosmetik, Ratgeber und Therapieschulen bewirtschaften den Sex. Der Psycho-Boom der 1980er und 90er Jahre hat die Idee populär gemacht, dass der Kern unserer Identität und der Schlüssel zu einem guten Leben im Sex liegt. So wird Sexualität zur Ware, mit der gehandelt wird und die man konsumieren muss, um das eigene Wohlbefinden zu steigern. Sexuelle Freiheit buchstabiert sich damit als Konsumfreiheit aus. Es geht um Spaß, Abwechslung und Abenteuer.

Klingt doch ganz gut, könnte man einwenden, doch Illouz sieht das Problem, dass im Zeitalter des flexiblen, fluiden Kapitalismus auch die Beziehungen hochgradig unverbindlich und flüchtig werden. Die Leute haben Sex oder Dates, aber keine Verbindung zueinander. Der Gelegenheitssex (»One-Night-Stand«) wird zur typischen, weil beziehungslosen Beziehungsform der Gegenwart. Man kann den anderen per Tinder & Co. schnell bestellen und auch schnell wieder loswerden, wie eine Ware. Beziehungen werden per SMS beendet oder komplett wortlos (»Ghosting«); man begegnet Menschen wie auswechselbaren Dingen. Genau wie in der ökonomischen Sphäre entsteht eine »moralische Gleichgültigkeit gegenüber Trennungen« (Illouz 2018: 262); Trennungen gelten nicht als Verlust oder Verletzung, sondern vielmehr als wichtige Erfahrung, fast schon als Bereicherung.

Der Kapitalismus, in Verbindung mit Internettechnologie und Konsumkultur, wird zum Totengräber der wahren Liebe. Lebte die romantische Liebe vom Zauber des überwältigenden Augenblicks, von der Außerkraftsetzung jeder Vernunft, so wird die Liebe im Online-Zeitalter zum Gegenstand weitläufiger Planung und überlegter Entscheidung. Wir werden nicht mehr von Amors Pfeil getroffen, sondern programmieren umsichtig den Flug des Pfeils, und zwar auf Basis der ausführlichen Profile, die die Partnerschaftsbörsen bieten. Der oder die Ausgewählte ist nicht mehr die Auserwählte, eine einzigartige Person, sondern die beste Wahl im Supermarkt der Liebe – eine Wahl, die irrsinnig schwerfällt, weil gleich um die Ecke etwas Besseres auf uns warten könnte. So wird auf den digitalen Beziehungsmärkten die heiße Liebe drastisch heruntergekühlt. Entfesselte Liebe gilt als »Affenliebe«. Die utilitaristische Logik überschreitet den Bereich des Marktes und kolonisiert die Sphäre der Intimität.

Im Sinne der Kritischen Theorie lässt sich dies als eine der »Paradoxien des gegenwärtigen Kapitalismus« (Honneth 2002) deuten: Der moderne Kapitalismus macht romantische Liebe überhaupt erst möglich, weil er die Liebe von instrumentellen Erwägungen entbindet (Statuserhalt, Besitzsteigerung usw.). Gleichzeitig kann die romantische Liebe im Kapitalismus keine Erfüllung finden. Denn die Befreiung der Sexualität und ihre Bewirtschaftung durch Medien, Technik und Konsumindustrie führt nicht zum Liebesglück, sondern unter das Joch vermarktlichter, verdinglichender und verwirrender Ad-hoc-Beziehungen (Stichwort »Gelegenheitssex«). Für authentische Gefühle und erfüllende Beziehungen ist in diesem sexualisierten Kosmos kein Platz mehr. Wer im Kapitalismus lebt, liebt leidenschaftslos.

Das sind keine guten Nachrichten. Doch müssen sie uns wirklich beunruhigen? Zunächst einmal schon, denn der Trend zur unerfüllten Liebe betrifft uns alle gleichermaßen, sofern wir zu jenen gebildeten, heterosexuellen Metropolenbewohnern gehören, die Illouz in ihren Büchern porträtiert. Doch es gibt Hoffnung. Schließlich erhalten wir von der Autorin keine Auskunft darüber, wie sich ökonomische Imperative bzw. gesellschaftliche Erwartungen tatsächlich in individuelles Handeln und Erleben übersetzen. Es könnte also sein, dass die Individuen recht unterschiedlich mit den Herausforderungen des lieblosen Kapitalismus umgehen. Illouz' Diagnose ist deswegen so düster, weil sie die Liebe als bloßen Widerschein ökonomischer Prozesse und Praktiken (Vermarktlichung, Konsum) sowie darauf aufbauender Ideologien (Hedonismus) begreift. Abstrahiert man derart von der psychischen Ebene, erscheint die Liebe kurzerhand als ein rationales Aushandlungsgeschäft unter strategisch Handelnden zum Zweck der Akkumulation von sexuellem Kapital. Bei aller Liebe zur Soziologie – hier zeichnen sich ihre Grenzen ab.

Literaturverzeichnis

Adorno, Theodor W. (1993): Einleitung in die Soziologie (1968). Hrsg. von C. Gödde. Frankfurt a. M.: Suhrkamp.

Adorno, Theodor W. / Hans Albert / Ralf Dahrendorf / Jürgen Habermas / Harald Pilot / Karl Popper (1993): Der Positivismusstreit in der deutschen Soziologie. München: dtv. [Orig. 1969].

Bauman, Zygmunt (1995): Moderne und Ambivalenz. Das Ende der Eindeutigkeit. Frankfurt a. M.: Fischer. [Engl. Orig. 1991.]

Beauvoir, Simone de (2014): Das andere Geschlecht. Sitte und Sexus der Frau. Reinbek: Rowohlt, 14. Aufl. [Frz. Orig. 1949.]

Beck, Ulrich (1986): Risikogesellschaft. Auf dem Weg in eine andere Moderne. Frankfurt a. M.: Suhrkamp.

Beck, Ulrich / Anthony Giddens / Scott Lash (1996): Reflexive Modernisierung. Eine Kontroverse. Frankfurt a. M.: Suhrkamp.

Benda, Julien (1988): Der Verrat der Intellektuellen. Frankfurt a. M.: Fischer. [Frz. Orig. 1927.]

Benn, Gottfried (2019): Soll die Dichtung das Leben bessern? In: G. B.: Gedichte. Hrsg. von C. Perels. Stuttgart: Reclam. S. 125–136. [Orig. 1956.]

Berger, Peter L. und Thomas Luckmann (1980): Die gesellschaftliche Konstruktion der Wirklichkeit. Eine Theorie der Wissenssoziologie. Frankfurt a. M.: Fischer. [Amerik. Orig. 1966.]

Blumenberg, Hans (2015): Dogmatische und rationale Analyse von Motivationen des technischen Fortschritts. In: H. B.: Schriften zur Technik. Hrsg. von A. Schmitz und B. Stiegler. Berlin: Suhrkamp. S. 258–276 [Orig. 1970.]

Bogner, Alexander (2021): Der diskrete Charme der Gesellschaftsdiagnose. In: Soziale Welt 72, S. 3–26.

Boltanski, Luc / Ève Chiapello (2006): Der neue Geist des Kapitalismus. Konstanz: UVK. [Frz. Original 1999.]

Bourdieu, Pierre (2005): Die männliche Herrschaft. Frankfurt a. M.: Suhrkamp. [Frz. Orig. 1998.]

Bröckling, Ulrich (2007): Das unternehmerische Selbst. Soziologie einer Subjektivierungsform. Frankfurt a. M.: Suhrkamp.

Butler, Judith (1991): Das Unbehagen der Geschlechter. Frankfurt a. M.: Suhrkamp. [Amerik. Orig. 1990.]

Callon, Michel (2006): Die Sozio-Logik der Übersetzung: Auseinandersetzungen und Verhandlungen zur Bestimmung von Problematischem und Unproblematischem. In: Andréa Belliger / David J. Krieger (Hrsg.): ANThology. Ein einführendes Handbuch zur Akteur-Netzwerk-Theorie. Bielefeld: transcript. S. 51–74.

Castro Varela, Maria do Mar / Nikita Dhawan (2015): Postkoloniale Theorie. Eine kritische Einführung. Bielefeld: transcript, 2. Aufl.

Comte, Auguste (1956): Rede über den Geist des Positivismus. Hrsg. von I. Fetscher. Hamburg: Meiner. [Orig. 1844.]

Daston, Lorraine / Peter Galison (2007): Objektivität. Frankfurt a. M.: Suhrkamp.

DiMaggio, Paul J. / Walter W. Powell (1983): The Iron Cage Revisited: Institutional Isomorphism and Collective Rationality in Organizational Fields. In: American Sociological Review 48, S. 147–160.

Durkheim, Emile (1992): Über soziale Arbeitsteilung. Studie über die Organisation höherer Gesellschaften. Frankfurt a. M.: Suhrkamp. [Frz. Orig. 1893.]

Durkheim, Emile (1994): Die elementaren Formen des religiösen Lebens. Frankfurt a. M.: Suhrkamp. [Frz. Orig. 1912.]

Ehrenberg, Alain (2008): Das erschöpfte Selbst. Depression und Gesellschaft in der Gegenwart. Frankfurt a. M.: Suhrkamp. [Frz. Orig. 1998.]

Eisenstadt, Shmuel N. (2000): Die Vielfalt der Moderne. Weilerswist: Velbrück Wissenschaft.

Feyerabend, Paul (1986): Wider den Methodenzwang. Frankfurt a. M.: Suhrkamp. [Amerik. Orig. 1975.]

Fichte, Johann Gottlieb (1962): Die Grundzüge des gegenwärtigen Zeitalters. In: J. G. F.: Ausgewählte Werke in sechs Bänden. Bd. 4. Hrsg. von F. Medicus. Darmstadt: Wissenschaftliche Buchgesellschaft. S. 393–648. [Orig. 1806.]

Fischer, Joachim (2014): Multiparadigmatizität der Soziologie. Übersichten, Unterscheidungen, Ursachen und Umgangsformen. In: Stephan Kornmesser / Gerhard Schurz (Hrsg.): Die multiparadig-

matische Struktur der Wissenschaften. Wiesbaden: Springer S. 337–370.
Foucault, Michel (1991): Die Ordnung des Diskurses. Frankfurt a. M.: Fischer. [Frz. Orig. 1972.]
Foucault, Michel (2003): Die politische Funktion des Intellektuellen. In: Schriften. Bd. 3: 1976–1979. Hrsg. von D. Defert und F. Ewald. Frankfurt a. M.: Suhrkamp. S. 145–151.
Geertz, Clifford (1987): Dichte Beschreibung. Beiträge zum Verstehen kultureller Systeme. Frankfurt a. M.: Suhrkamp.
Gehlen, Arnold (1983): Über die Geburt der Freiheit aus der Entfremdung. In: A. G.: Philosophische Anthropologie und Handlungslehre. (Arnold Gehlen Gesamtausgabe. 4.) Hrsg. von K. S. Rehberg. Frankfurt a. M.: Klostermann. S. 366–379. [Orig. 1952.]
Gehlen, Arnold (2007): Die Seele im technischen Zeitalter. Sozialpsychologische Probleme in der industriellen Gesellschaft. Frankfurt a. M.: Klostermann. [Orig. 1957.]
Gehlen, Arnold (2016): Urmensch und Spätkultur. Frankfurt a. M.: Klostermann. [Orig. 1956.]
Giddens, Anthony (1995): Konsequenzen der Moderne. Frankfurt a. M.: Suhrkamp.
Gutiérrez Rodríguez, Encarnación / Manuela Boatcă / Sérgio Costa (Hrsg. 2010): Decolonizing European Sociology. Transdisciplinary Approaches. London: Routledge.
Habermas, Jürgen (1969): Technik und Wissenschaft als »Ideologie«. Frankfurt a. M.: Suhrkamp.
Habermas, Jürgen (1981a): Theorie des kommunikativen Handelns. Bd. 1: Handlungsrationalität und gesellschaftliche Rationalisierung. Frankfurt a. M.: Suhrkamp.
Habermas, Jürgen (1981b): Theorie des kommunikativen Handelns. Bd. 2: Zur Kritik der funktionalistischen Vernunft. Frankfurt a. M.: Suhrkamp.
Haraway, Donna (1995): Die Neuerfindung der Natur. Primaten, Cyborgs und Frauen. Hrsg. von C. Hammer und I. Stieß. Frankfurt a. M. / New York: Campus.
Harding, Sandra (1991): Feministische Wissenschaftstheorie. Zum

Verhältnis von Wissenschaft und sozialem Geschlecht. Hamburg: Argument, 2. Aufl. [Amerik. Orig. 1986.]
Haslanger, Sally (2021): Der Wirklichkeit widerstehen. Soziale Konstruktion und Sozialkritik. Hrsg. von D. James. Berlin: Suhrkamp.
Hasse, Raimund / Georg Krücken (2005): Neo-Institutionalismus. Bielefeld: transcript, 2. Aufl.
Hegel, Georg Wilhelm Friedrich (1970): Vorlesungen über die Philosophie der Geschichte. (Hegel Werke. 12.). Hrsg. von E. Moldenhauer und K. M. Michel. Frankfurt a. M.: Suhrkamp. [Erstveröff. 1840.]
Hirschi, Caspar (2018): Skandalexperten, Expertenskandale. Zur Geschichte eines Gegenwartsproblems. Berlin: Matthes & Seitz.
Hirschman, Albert O. (1973): The Changing Tolerance for Income Inequality in the Course of Economic Development. In: The Quarterly Journal of Economics 87, S. 544–566.
Hitzler, Ronald / Anne Honer / Christoph Maeder (Hrsg. 1994): Expertenwissen. Die institutionalisierte Kompetenz zur Konstruktion von Wirklichkeit. Opladen: Westdeutscher Verlag.
Hobsbawm, Eric (1998): Das Zeitalter der Extreme: Weltgeschichte des 20. Jahrhunderts. München: dtv. [Engl. Orig. 1994.]
Honneth, Axel (Hrsg. 2002): Befreiung aus der Mündigkeit. Paradoxien des gegenwärtigen Kapitalismus. Frankfurt a. M. / New York: Campus.
Horkheimer, Max (2021): Traditionelle und kritische Theorie. Hrsg. von F. Vogelmann. Stuttgart: Reclam. [Orig. 1937.]
Horkheimer, Max / Theodor W. Adorno (1988): Dialektik der Aufklärung. Philosophische Fragmente. Frankfurt a. M.: Fischer. [Orig. 1944.]
Illouz, Eva (2006): Gefühle in Zeiten des Kapitalismus. Frankfurt a. M.: Suhrkamp.
Illouz, Eva (2011): Warum Liebe weh tut. Eine soziologische Erklärung. Berlin: Suhrkamp.
Illouz, Eva (2018): Warum Liebe endet. Eine Soziologie negativer Beziehungen. Berlin: Suhrkamp.
Kant, Immanuel (1999): Idee zu einer allgemeinen Geschichte in weltbürgerlicher Absicht. In: I. K.: Was ist Aufklärung? Ausge-

wählte kleine Schriften. Hrsg. von H. D. Brandt. Hamburg: Meiner. S. 3–19. [Orig. 1784.]

Kneer, Georg / Stephan Moebius (Hrsg. 2010): Soziologische Kontroversen. Beiträge zu einer anderen Geschichte der Wissenschaft vom Sozialen. Berlin: Suhrkamp.

Knöbl, Wolfgang (2001): Spielräume der Modernisierung. Das Ende der Eindeutigkeit. Weilerswist: Velbrück Wissenschaft.

Knöbl, Wolfgang (2022): Die Soziologie vor der Geschichte. Zur Kritik der Sozialtheorie. Berlin: Suhrkamp.

Knorr Cetina, Karin (1984): Die Fabrikation von Erkenntnis. Zur Anthropologie der Naturwissenschaft. Frankfurt a. M.: Suhrkamp.

Kuhn, Thomas S. (1976): Die Struktur wissenschaftlicher Revolutionen. Frankfurt a. M.: Suhrkamp. [Amerik. Orig. 1962.]

Kuhn, Thomas S. (2021): Logic of Discovery or Psychology of Research? Logik oder Psychologie der Forschung? Engl./Dt. Übers. und hrsg. von C. Menke. Stuttgart: Reclam. [Engl. Orig. 1965.]

Latour, Bruno (2000): Die Hoffnung der Pandora. Frankfurt a. M.: Suhrkamp.

Latour, Bruno (2001): Das Parlament der Dinge. Für eine politische Ökologie. Frankfurt a. M.: Suhrkamp.

Latour, Bruno (2007): Eine neue Soziologie für eine neue Gesellschaft. Frankfurt a. M.: Suhrkamp. [Engl. Orig. 2005.]

Latour, Bruno / Steve Woolgar (1979): Laboratory Life. The Construction of Scientific Facts. Beverly Hills, CA: Sage.

Le Goff, Jacques (2016): Geschichte ohne Epochen? Ein Essay. Darmstadt: Zabern.

Lerner, Daniel (1958): The Passing of Traditional Society. Modernizing the Middle East. Glencoe, Ill.: Free Press.

Levy, Marion J. (1952): Some Sources of the Vulnerability of the Structures of Relatively Non-Industrialized Societies to Those of Highly Industrialized Societies. In: Bert F. Hoselitz (Hrsg.): The Progress of Underdeveloped Areas. Chicago: University of Chicago Press. S. 113–125.

Luhmann, Niklas (1984): Soziale Systeme. Grundriß einer allgemeinen Theorie. Frankfurt a. M.: Suhrkamp.

Luhmann, Niklas (1990): Paradigm lost: Über die ethische Reflexion der Moral. Frankfurt a. M.: Suhrkamp.

Luhmann, Niklas (1992): Die Wissenschaft der Gesellschaft. Frankfurt a. M.: Suhrkamp.

Luhmann, Niklas (2008): Ökologische Kommunikation. Kann die moderne Gesellschaft sich auf ökologische Gefährdungen einstellen? Wiesbaden: VS, 5. Aufl. [Orig. 1986.]

Mannheim, Karl (1995): Ideologie und Utopie. Frankfurt a. M.: Klostermann, 8. Aufl. [Orig. 1929.]

Marcuse; Herbert (1979): Einige gesellschaftliche Folgen moderner Technologie. In: H. M.: Schriften 3: Aufsätze aus der Zeitschrift für Sozialforschung 1934–1941. Frankfurt a. M.: Suhrkamp. S. 286–319. [Orig. 1941.]

Marx, Karl / Friedrich Engels (1969): Manifest der Kommunistischen Partei. Stuttgart: Reclam. [Orig. 1848.]

Marx, Karl / Friedrich Engels (2018): Die deutsche Ideologie. Eine Auswahl. Stuttgart: Reclam. [Orig. 1845/46, erstveröff. 1923.]

Merton, Robert K. (2007): On Sociological Theories of the Middle Range. In: Craig Calhoun (Hrsg.): Classical Sociological Theory. Malden: Blackwell Publishers. S. 448–459. [Orig. 1949.]

Meyer, John W. / Brian Rowan (1977): Institutionalized Organizations: Formal Structure as Myth and Ceremony. In: American Journal of Sociology 83, S. 340–363.

Miles, Robert (1991): Rassismus. Einführung in die Geschichte und Theorie eines Begriffs. Hamburg: Argument.

Moldaschl, Manfred / G. Günter Voß (Hrsg. 2002): Subjektivierung von Arbeit. München/Mering: Hampp.

Nassehi, Armin (2021): Unbehagen. Theorie der überforderten Gesellschaft. München: C. H. Beck.

Neckel, Sighard / Greta Wagner (Hrsg. 2013): Leistung und Erschöpfung: Burnout in der Wettbewerbsgesellschaft. Berlin: Suhrkamp.

Parsons, Talcott (1959): Comment on »American intellectuals: Their politics and status«. In: Daedalus 88, S. 493–495.

Parsons, Talcott / Edward A. Shils (1976): Toward a General Theory of Action. Cambridge, MA: Harvard University Press, 7. Aufl. [Orig. 1951.]

Pfadenhauer, Michaela (2003): Professionalität – eine wissenssoziologische Rekonstruktion institutionalisierter Kompetenzdarstellungskompetenz. Opladen: Leske + Budrich.

Plessner, Helmuth (2016): Die Entzauberung des Fortschritts. In: H. P.: Schriften zur Soziologie und Sozialphilosophie. Gesammelte Schriften. Bd. 10. Hrsg. von G. Dux [u. a.] Frankfurt a. M.: Suhrkamp, 2. Aufl. S. 71–79. [Orig. 1936.]

Pongs, Armin (1999/2000): In welcher Gesellschaft leben wir eigentlich? 2 Bde. München: Dilemma-Verlag.

Popper, Karl (1971): Logik der Forschung. Tübingen: Mohr Siebeck, 4., verb. Auflage. [Orig. 1934.]

Popper, Karl (2022): Science: Conjectures and Refutations. Wissenschaft: Vermutungen und Widerlegungen. Engl./Dt. Hrsg. von Claus Beisbart. Stuttgart: Reclam. [Engl. Orig. 1963.]

Quine, Willard van Orman (2011): Zwei Dogmen des Empirismus. In: W. v. O. Q.: From a Logical Point of View. Von einem logischen Standpunkt aus. Drei ausgewählte Aufsätze. Engl./Dt. Hrsg. von R. Bluhm und C. Nimtz. Stuttgart: Reclam. S. 56–127. [Amerik. Orig. 1951.]

Reckwitz, Andreas (2017): Die Gesellschaft der Singularitäten. Zum Strukturwandel der Moderne. Berlin: Suhrkamp.

Reckwitz, Andreas (2019): Das Ende der Illusionen. Politik, Ökonomie und Kultur in der Spätmoderne. Berlin: Suhrkamp.

Rosa, Hartmut (2005): Beschleunigung. Die Veränderung der Zeitstrukturen in der Moderne. Frankfurt a. M.: Suhrkamp.

Rosa, Hartmut (2016): Resonanz. Eine Soziologie der Weltbeziehung. Berlin: Suhrkamp.

Said, Edward (2009): Orientalismus. Frankfurt a. M.: Fischer. [Amerik. Orig. 1978.]

Scheler, Max (1982a): Die positivistische Geschichtsphilosophie des Wissens und die Aufgaben einer Soziologie der Erkenntnis. In: Volker Meja / Nico Stehr (Hrsg.): Der Streit um die Wissenssoziologie. Bd. 1. Frankfurt a. M.: Suhrkamp. S. 57–67. [Orig. 1921.]

Scheler, Max (1982b): Wissenschaft und soziale Struktur. In: Ebd. S. 68–127. [Orig. 1924.]

Schütz, Alfred (1972): Der gut informierte Bürger. Ein Versuch über die soziale Verteilung des Wissens. In: A. Sch.: Gesammelte Aufsätze. Bd. 2. Den Haag: Nijhoff. S. 85–101. [Amerik. Orig. 1946.]

Senge, Konstanze (2011): Das Neue am Neo-Institutionalismus. Der Neo-Institutionalismus im Kontext der Organisationswissenschaft. Wiesbaden: VS Verlag.

Simmel, Georg (1989): Philosophie des Geldes. Frankfurt a. M.: Suhrkamp. [Orig. 1900.]

Simmel, Georg (1992): Das Problem der Soziologie. In: G. S.: Soziologie. Untersuchungen über die Formen der Vergesellschaftung. (Gesamtausgabe. Bd. 11.) Hrsg. von O. Rammstedt. Frankfurt a. M.: Suhrkamp. S. 13–62. [Orig. 1894.]

Simmel, Georg (2006): Die Großstädte und das Geistesleben. Frankfurt a. M.: Suhrkamp. [Orig. 1903.]

Spivak, Gayatri Chakravorty (2020): Can the Subaltern Speak? Postkolonialität und subalterne Artikulation. Wien: Turia + Kant. [Amerik. Orig. 1988.]

Stouffer, Samuel A. / Edward A. Suchman / Leland C. DeVinney / Shirley A. Star / Robin M. Williams, Jr. (1949): The American Soldier: Adjustment During Army Life. (Studies in Social Psychology in World War II.) Princeton, NJ: Princeton University Press.

Tönnies, Ferdinand (2005): Gemeinschaft und Gesellschaft. Grundbegriffe der reinen Soziologie. Darmstadt: Wissenschaftliche Buchgesellschaft. [Orig. 1887.]

Verein Ernst Mach (2013): Wissenschaftliche Weltauffassung. Der Wiener Kreis. In: Der Wiener Kreis. Ausgewählte Texte. Hrsg. von C. Damböck. Stuttgart: Reclam. S. 7–32. [Orig. 1929.]

Voltaire (2015): Das Zeitalter Ludwigs XIV. Berlin: xenomoi. [Frz. Orig. 1751.]

Weber, Alfred (1923): Die Not der geistigen Arbeiter. München und Leipzig: Duncker & Humblot.

Weber, Max (2017): Die protestantische Ethik und der »Geist« des Kapitalismus. Hrsg. von A. Maurer. Stuttgart: Reclam. [Orig. 1905.]

Wiggershaus, Rolf (1988): Die Frankfurter Schule. Geschichte – Theoretische Entwicklung – Politische Bedeutung. München: dtv.

Personenregister